03 박영규 선생님의 **우리역사 넓게 보기**

조선 시대 궁녀들은 어떻게 살았을까?

그린이 **백명식**

강화에서 태어나 미술대학에서 서양화를 전공한 뒤, 좋은 어린이 책에 그림을 그리고 글을 쓰고 있습니다. 직접 쓰고 그린 책으로 《울 엄마 어렸을 적에》《김치네 식구들》《뭘까?》 등이 있고, 창작 그림책이 100여 권 있습니다. 그 외에 《책 읽는 도깨비》《책귀신 세종대왕》《똥덩이가 좋아요》《세상에서 가장 아름다운 아빠》《신라 1000년 동안 무슨 일이 있었을까》《백제 700년 동안 무슨 일이 있었을까》《조선 시대 왕실 사람들은 어떻게 살았을까?》《조선 시대 궁녀들은 어떻게 살았을까?》에 그림을 그리면서 활발하게 활동하고 있습니다.

03 박영규 선생님의 우리 역사 넓게 보기
조선 시대 궁녀들은 어떻게 살았을까?

1판 1쇄 인쇄 | 2010. 2. 5.
1판 1쇄 발행 | 2010. 2. 10.

박영규 글 | 백명식 그림

발행처 김영사 | **발행인** 박은주 | **편집인** 박숙정
편집주간 배수원
편집 김준영 김현정 전지운 박진영 문자영 김지아 김인혜 | **디자인** 이혜경 김순수 전성연
디자인 진행 Cha-E & Nov. 이재경
해외저작권 황인빈 | **마케팅** 이희영 김광진 이재균 박진옥 정민영 양봉호 | **제작** 안해룡 박상현
사진제공 권태균
등록번호 제 406-2003-036호 | **등록일자** 1979. 5. 17.
주소 경기도 파주시 교하읍 문발리 파주출판단지 515-1 (우 413-756)
전화 마케팅부 031-955-3102 | 편집부 031-955-3113~20 | **팩스** 031-955-3111

ⓒ 2010 박영규, 백명식
이 책의 저작권은 저자에게 있습니다.
저자와 출판사의 허락 없이 내용의 일부를 인용하거나 발췌하는 것을 금합니다.

값은 표지에 있습니다.
ISBN 978-89-349-3718-0 73900
ISBN 978-89-349-1949-0 (세트)

좋은 독자가 좋은 책을 만듭니다. 김영사는 독자 여러분의 의견에 항상 귀 기울이고 있습니다.
독자의견 전화 031-955-3112 | 전자우편 book@gimmyoung.com | 홈페이지 www.gimmyoungjr.com
어린이들의 책놀이터 cafe.naver.com/gimmyoungjr

우리역사 넓게보기

03 박영규 선생님의

조선 시대 궁녀들은 어떻게 살았을까?

왕실의 의식주에서 왕손의 양육까지 궁궐의 살림꾼, 궁녀 이야기

박영규 글 | 백명식 그림

주니어 김영사

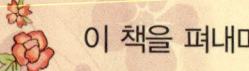

이 책을 펴내며

궁녀들의 삶을 책으로 엮으며

사극을 보다 보면 반드시 등장하는 존재가 있습니다. 바로 '왕'입니다. 그런데 왕이 주목을 받으며 등장할 때마다 빠지지 않고 나오는 사람들이 있습니다. 하지만 이들은 얼굴 한번 제대로 드러내지 못합니다. 누구일까요? 바로 궁녀들입니다.

그들은 그림자처럼 왕을 따라다니면서도 대사 하나 없는 역으로 나오기 일쑤이지요. 이런 탓에 그들은 역사 속에서 살다가 간 실존 인물이라기보다는 왕과 궁궐 장면을 찍기 위해 필요한 소품이나 장식물의 하나처럼 느껴질 때가 더 많습니다. 그러나 그들은 사극에서 보이듯 그렇게 보잘것없는 존재들이 아니었습니다. 비록 그들의 본분이 정치와 관련된 것들은 아니었지만, 그들이 없으면 왕실이 유지될 수가 없을 만큼 중요했습니다.

그들은 왕과 왕실의 의식주를 책임졌고, 궁궐의 법도와 풍속을 유지시켰으며, 궁궐의 온갖 잡역을 도맡아 했답니다.

궁녀 조직은 왕조 시대가 시작되면서부터 존재했으므로, 환관 조직보다도 더 오랜 역사를 가지고 있습니다. 그들은 기껏 궁궐에서 잡일이나 하는 존재로 인식하기 십상이지만, 사실 왕조 시대의 유일한 여성공무원이었으며, 재상들조차 함부로 대하지 못했던 위엄 있는 세력이었습니다.

그들은 때때로 제왕의 승은을 입고 후궁이 되기도 했고, 총애를 받아 국모의 자리에 오르기도 했으며, 심지어 왕권을 차지해 세상을 호령하기도 했습니다. 또한 세상이 어지러우면 당파에 가담해 권력 창출의 주역이 되기도 했으며, 왕조를 지키기 위해 목숨을 내놓는 충신이 되기도 했습니다. 따라서 궁녀의 역사는 단순히 궁궐에서 일하는 여관들의 역사라기보다는 여성을 주인공으로 내세운 또 다른 왕조사라고 해야 할 것입니다.

하지만 왕조 시대가 남성 중심의 사회였던 만큼 궁녀에 대한 기록은 그다지 많지 않습니다. 그 때문에 궁녀들의 역사에 대해 아주 자세히 다루지 못한 게 큰 아쉬움이었습니다.

이 책은 크게 세 개의 장으로 나눠져 있습니다.

'제1장 궁녀, 그들은 누구일까?'에서는 궁녀의 개념과 궁녀 조직의 발전 과정에 대한 것에서부터 궁녀의 범주, 임무, 선발, 교육, 그리고 복장과 머리 모양, 근무 형태와 월급, 휴가, 출궁, 죽음 등에 이르는 내용을 담았습니다.

'제2장 인물과 사건으로 본 궁녀 이야기'에서는 우리 역사에서 궁녀와 연관된 주요 사건들이 어떤 것이 있으며, 궁녀로서 왕의 어머니가 된 사람들의 이야기를 썼습니다. 그리고 '제3장 의녀, 그들은 누구일까?'에서는 의녀들에 대해 다루었는데, 사실 의녀는 궁녀의 범주에 넣지는 않지만, 궁궐에 근무했던 내의녀들은 궁녀로 볼 수 있는 부분이 있기 때문에 함께 살펴보았습니다. 3장에서는 조선에서 '의녀'라는 존재가 탄생하게 된 배경과 조선의 의료 기관, 의녀의 교육과 평가, 그들의 임무와 역할, 가정생활과 결혼, 역사에 이름을 남긴 의녀들의 이야기를 볼 수 있을 것입니다.

사실 이 책의 내용은 어린이들이 이해하기에 다소 어려운 면이 있습니다. 하지만 역사 문제에 대해 좀 더 전문적이고 자세한 내용을 알고 싶어 하는 어린이들이라면 두고두고 읽을 만할 것입니다. 또 부모님과 어린이가 함께 역사 공부를 하거나, 선생님과 함께 공부하는 어린이들에게 알맞은 책이 될 거예요.

부디 우리 어린이들이 이 책을 통해 우리 역사를 더 넓고 깊게 이해했으면 합니다.

2010년 2월 박영규

 차례

 조선 시대 궁녀들은 어떻게 살았을까?

이 책을 펴내며 4

제1장 궁녀, 그들은 누구일까?

궁녀 문화가 가장 발달했던 중국의 궁녀 조직 10
우리나라의 궁녀 조직과 규모 17
어떤 사람들을 궁녀라고 할까? 27
궁녀는 직분에 따라서 어떻게 불릴까? 40
궁녀는 어떻게 뽑혀서 교육될까? 48
궁녀의 복장과 머리 모양 57
궁녀의 직장 생활은 어떠했을까? 68
궁녀의 출궁과 죽음 76

제2장 인물과 사건으로 본 궁녀 이야기

궁녀와 관련된 역사적 사건들 84
왕의 어머니가 된 궁녀들 96

제3장 의녀, 그들은 누구일까?

의녀는 언제 생겼을까? 130

조선의 의료 기관에는 어떤 것이 있을까? 134

의녀는 어떻게 교육하고 평가할까? 138

의녀의 임무와 역할은 무엇일까? 144

의녀의 가정생활은 어떠했을까? 148

역사에 이름을 남긴 의녀들 152

제1장
궁녀, 그들은 누구일까?

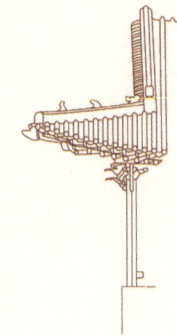

궁녀 문화가 가장 발달했던 중국의 궁녀 조직

궁녀가 없었던 나라가 있을까?

옛날 왕조 시대의 궁중 생활을 보여 주는 옛 그림이나 문헌에서 빠지지 않고 나오는 존재가 있다면 누구일까요? 바로 궁녀(宮女)일 거예요. 궁녀가 없는 궁궐, 궁녀의 시중을 받지 않는 왕을 상상할 수 있을까요? 궁녀는 동화나 민담, 그리고 사학자들이 연구하는 사료(史料)에 이르기까지 궁중 생활을 거론하는 곳이라면 꼭 나옵니다. 하지만 주목받지 못하는 존재, 그저 장식물이나 가구의 일부처럼 여겨지는 그런 존재, 궁궐의 기둥보다도 관심을 받지 못하는 존재, 그런데도 없어서는 안 되는 존재가 바로 궁녀랍니다.

세계 어떤 나라도 궁녀가 없었던 나라는 단 한 곳도 없습니다. 그런 의미에서 보면 궁녀가 왕조 시대를 상징하는 존재라고 해도 지나친 말이 아닙니다.

그렇다면 궁녀는 언제부터 있었을까요? 어쩌면 이것은

매우 어리석은 질문일 수도 있습니다. 궁녀는 처음부터 왕조 시대와 함께 존재해 왔으니까요.

　대개 궁녀는 궁궐에서 심부름이나 하고 왕의 첩 노릇이나 하는 여자들로 알고 있습니다. 하지만 궁녀들은 한층 조직적이고 영향력도 강했으며 역할도 다양했습니다. 그렇다면 그런 궁녀는 언제부터 어떤 형태로 존재했을까요?

중국의 궁녀 조직

　궁녀에 대한 사료가 가장 많은 나라는 세계에서 가장 거대하고 화려한 궁중 생활을 했던 중국일 거예요. 로마도 중국 못지않은 대 제국이었지만, 특히 궁중 생활과 궁녀에 대해 기록된 책들은 중국에 견줄 수가 없습니다.

　문헌상 중국 역사에서 가장 오래되었다고 할 수 있는 하나라는 지금으로부터 약 4,000년 전에 세워졌습니다.

그런데 하나라의 폭군으로 유명했던 걸왕 시절에는 3만 명이나 되는 궁녀가 있었다고 합니다. 그리고 하나라가 망한 뒤에 건국된 은나라의 마지막 왕, 주왕 시절에도 수많은 여자들이 궁녀로 있었다는 기록이 있습니다. 하지만 하나라와 은나라의 궁녀들이 어떤

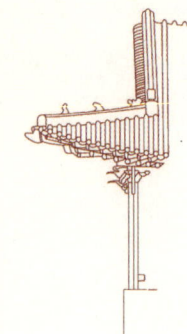

조직을 이루고 있었는지는 기록되지 않았습니다.

궁녀에 대해 구체적인 기록이 남아 있는 것은 주나라의 《주례》라는 책입니다. 주나라는 은나라가 망한 뒤에 세워진 나라입니다. 주나라의 주공 단이 지었다는 《주례》에는 관직의 명칭과 임무가 모두 적혀 있는데, 그중에 궁녀의 조직도 나와 있습니다. 어떤 내용이 책에 기록되어 있는지 살펴볼까요?

《주례》의 '천관총재(天官冢宰)' 편에는 궁녀들로 이루어진 조직들이 나와 있습니다. 책에서는 이것을 '여어(女御)', '여축(女祝)', '여사(女史)', '해(奚)', '여궁(女宮)' 등으로 기록하고 있습니다. 그렇다면 이들은 각각 어떤 일을 했을까요?

여어는 침실에서 왕을 모시는 일을 한 궁녀였는데, 모두 81명이 이 조직에 속했습니다. 이들은 주로 세부(왕후 아래의 네 번째 서열에 있는 후궁)를 보좌했는데, 세부 1명마다 3명의 여어를 거느렸지요. 세부의 수는 법적으로 27명이었지만 왕에 따라서 수백 명의 세부를 거느리는 일도 아주 많았기 때문에, 여어도 세부의 숫자에 따라 몇 배로 늘기도 했습니다. 이를 테면 세부가 1,000명이면 여어는 3,000명이 되었던 거지요.

여어의 주된 임무 중 또 하나는 자기가 모신 세부가 언제 왕을 모실지 순서를 정하는 일이었습니다. 고대 중국에선 후궁들끼리 서로 시기하지 못하도록 왕을 모시는 순서를 정했는데, 세부들이 직접 나설 수 없는 일이라 여어들이 대신했습니다.

여어는 세부뿐 아니라 세부의 바로 윗사람인 구빈(九嬪, 왕후 아래의

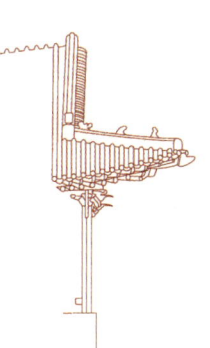

세 번째 서열에 있는 후궁)들에게도 배치되었습니다. 왕은 원래 9명의 빈을 두게 되었지만, 대개는 십여 명씩 두었지요. 이들도 여어를 거느렸기 때문에 여어의 숫자는 훨씬 더 늘어나게 됩니다. 구빈의 여어는 '구어(九御)'라고 하는데, 빈 1명당 9명의 구어를 거느렸습니다. 따라서 기본적으로 81명의 구어가 있어야 했고, 구빈의 숫자가 늘어나면 구어의 숫자도 당연히 늘어났습니다.

구빈 위에는 부인(왕후 아래의 두 번째 서열에 있는 후궁)이 3명이 있는데, 부인 1명당 27명의 여어를 거느렸습니다. 하지만 부인의 숫자도 반드시 3명으로 정해져 있는 게 아니었기 때문에 여어의 숫자는 더 늘어날 수 있었습니다. 게다가 왕후에게는 81명의 여어가 배치되었기 때문에 왕후와 부인, 빈에게 배치되는 여어의 숫자만 해도 기본적으로 324명이었습니다. 여기에 태후나 왕태후, 태자비 등도 많은 여어들을 거느렸고, 궁궐의 각 기관에서도 여어를 거느렸기 때문에 실제로 여어의 숫자는 훨씬 더 많아야 했습니다.

여축은 궁궐 안에 머무는 무당인데, 모두 4명이 있었습니다. 이들은 왕후의 내제사(궁궐 안의 부엌, 문, 창 등에 지내는 제사)와 내도사(기원이나 축원하는 일)의 일을 맡았는데, 시중드는 해 2명씩 거느렸습니다.

여사는 왕후의 지시를 받아 궁궐의 법도를 다스리는 역할을 했습니다. 또 왕후궁과 후궁전의 살림살이를 맡고 왕후의 명령을 기록했지요. 여사는 모두 8인이며, 시중드는 해 16인을 거느렸습니다.

여궁이란 형벌을 받고 궁궐에서 사역을 하는 노비들이었습니다. 궁궐의 온갖 잡일을 다 하는 잡역부였지요.

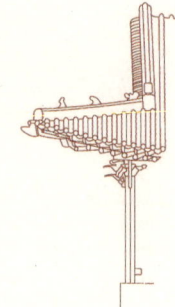

　여궁보다 한 단계 위였던 해는 대개 여어 1인당 해 2명씩 배치되었으므로 궁녀들 중에서 숫자가 가장 많았을 것입니다.
　여어, 해, 여궁은 궁궐의 각 부서에도 배치되었는데, 그들의 숫자는 왕비나 후궁을 시중드는 궁녀들보다 훨씬 더 많았습니다. 물론 그들도 모두 궁녀라고 했답니다.

주나라의 궁녀들은 무슨 일을 했을까?

중국 주나라에서는 궁녀들이 어디에서 무슨 일을 했을까요? 구체적으로 살펴보면 다음과 같습니다.

왕후의 의복을 만들고 책임지며 관리하는 내사복(內司服)에는 여어 2인과 해 8인이 배치되었습니다. 또 왕궁의 재봉 일을 맡는 봉인(縫人)에는 여어 8인, 여공 80인, 해 30인이 배치되었고, 소금을 담당하는 염인(鹽人)에는 여염 20인, 해 40인이 속해 있었으며, 물건의 덮개를 만드는 멱인(冪人)에도 여멱 10인과 해 20인이 있었습니다. 나물과 김치를 만드는 혜인(醯人)에 여혜 20인, 해 40인이 있었고, 젓갈이나 조림을 만드는 해인(醢人)에 여해 20인과 해 40인이 있었습니다. 대추, 밤, 복숭아 등 과일을 담당하는 변인(邊人)에는 여변 10인과 해 20인, 왕의 음료수를 담당하는 장인(漿人)에는 여장 15인과 해 150인이 속해 있었습니다. 술을 담당하는 주인(酒人)에는 여주 20인과 해 300인이 있었답니다. 이렇듯 각 부서에 배치된 궁녀의 숫자만 합해도 약 1,000명이나 되었습니다.

중국에는 몇 명의 궁녀가 있었을까?

물론 앞에서 설명한 1,000명이나 되는 궁녀들은 주나라 왕궁에 머물렀던 모든 궁녀는 아닙니다. 여기에는 궁궐에서 가장 천한 여자들이었던 여궁들은 거의 제외했고, 왕의 가족들을 모시는 궁녀들도 뺀 숫자이니까요. 그러므로 이들 모두를 합친다면 주나라 왕궁에는 최소한 3,000명이 넘는 궁녀가 있었겠지요?

3,000명의 궁녀 조직을 계급의 순서대로 나열하자면 가장 꼭대기에 왕비를 모시는 여사 8인이 있고, 그 아래에 부인, 빈, 세부 등 내명부의 후궁들을 모시는 여어가 수백 명 있습니다. 그리고 각 부서에서 의식주와 관련된 업무를 맡은 여어가 그 밑으로 수백 명 있습니다. 다시 여어 아래에는 전문적인 기능공이라고 할 수 있는 여공이 있고, 여공 밑에 시녀에 해당하는 해가, 해 밑에 천비들인 여궁이 있었습니다. 그렇다면 중국 대륙이 통일된 이후에는 도대체 몇 명이나 되는 궁녀가 궁궐에 있었을까요? 정확한 통계는 나와 있지 않지만 짐작할 수 있는 기록이 있습니다.

당나라 태종 시절에 가뭄이 심하자 3,000명의 궁녀를 내보냈다는 기록이 바로 그것입니다. 이것으로 보아 당시 궁녀의 숫자가 수만 명이었다는 것을 알 수 있습니다.

제1장 궁녀, 그들은 누구일까?

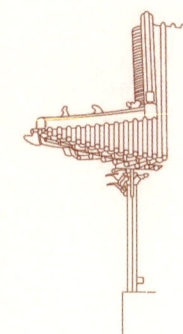

당나라 궁녀 제도가 들어오다

주나라 때에 완성된 궁녀의 조직 체계는 후대에도 크게 변하지 않았습니다. 진나라의 시황이 천하를 통일한 뒤 국토가 넓어지고 궁궐이 한층 화려해지면서 궁녀의 숫자가 크게 늘어나고 명칭에 변화가 생기긴 하지만, 조직의 형태는 그대로였지요.

한나라에 이르면 주나라 때의 '여어', '여사' 같은 호칭이 사라지고 '소의', '미인', '양인', '팔자', '칠자', '장사', '소사' 같은 새로운 호칭이 나옵니다. 또 궁궐에 머무는 여자들의 등급도 황후에서부터 내명부 최하위까지 14등급으로 구분됩니다. 수나라 시대에 이르면 '상서', '상의', '상식', '상침' 같은 호칭이 나타나고, 이것이 당나라에 이르러 더욱 체계화되어 훗날 고려와 조선에서 도입하게 되지요.

당나라 이후로 중국의 궁녀 조직과 호칭은 거의 변화하지 않습니다.
우리나라는 고려 시대에 당나라와 송나라의 궁녀 제도를 채택해 우리 실정에 맞게 만들었답니다.

우리나라의 궁녀 조직과 규모

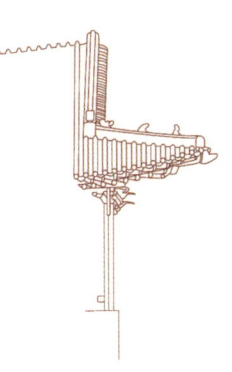

우리나라 최초의 궁녀에 대한 기록

우리나라도 중국처럼 상고 시대부터 궁녀 제도가 있었을 거예요. 하지만 구체적인 기록은 남아 있지 않습니다. 그나마 최초로 궁녀와 비슷한 존재가 있다는 것을 확인할 수 있는 곳은 고구려의 고분 벽화랍니다.

황해도 안악군 용순면 유순리에서 발견된 안악3호분은 흔히 '동수묘'라고 부릅니다. 이 무덤의 주인공은 미천왕 때의 고구려 귀족 '동수'라는 사람입니다. 벽화에는 동수의 뒤쪽에 시녀로 보이는 여자가 서 있고, 동수의 부인을 그린 것 같은 부인도에는 가마를 탄 부인 옆에 3명의 시녀가 그려져 있답니다.

동수는 미천왕 때부터 고국원왕 때까지 활동하다가 357년에 죽었다고 기록되어 있습니다. 동수가 어떤 인물인지는 분명하지 않지만, 무덤의 크기로 봐서 힘 있는 무장이었거나 왕실과 연관된 귀족이었던

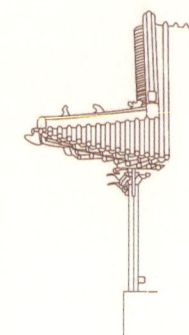

안악3호분 동수묘
무덤의 주인공인 동수가 문관, 무관에게 보고를 받거나 분부를 내리는 모습이 그려져 있다.

것만은 분명합니다. 만약 그가 왕실 사람이었다면 그를 시중드는 시녀나 그의 아내를 보필하는 시녀들은 궁녀일 것입니다. 비록 시녀들이 궁녀가 아니라고 해도 동수와 같은 귀족이 여러 시녀들을 거느렸다는 사실로 미루어 볼 때, 고구려의 왕도 많은 궁녀들을 거느렸을 것이라고 쉽게 짐작할 수 있지요.

중국 길림성 집안현 여산 남록에 있는 무용총 벽화에는 여자 무용수들이 춤추는 장면이 그려져 있습니다. 이 무용수들은 아마도 여악(女樂)의 단원일 것입니다. 여악은 궁궐에서 춤이나 노래, 악기를 연주하는 여자들을 말하는데, 대개 국가 기관이나 궁궐에 소속되어 궁궐의 잔치나 왕족의 연회에 불려 나갔습니

안악3호분 부인도
호화로운 큰 방의 좌상에 앉아 있는 귀부인의 그림이다. 3명의 시녀가 귀부인의 시중을 들고 있다.

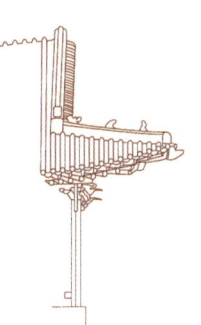

무용총 무용도
한가운데에 5명의 남녀 무용수가 춤추고 있는 고구려 고분 벽화이다.

다. 중국 상고사(상고 시대의 역사)에서는 궁중의 여악도 궁녀 조직의 하나로 묘사하고 있는데, 고구려에서도 궁중에 여악을 뒀을 가능성이 높습니다. 그러므로 여악과 같은 조직이 있었다는 것은 큰 규모의 궁녀 조직이 있었다는 것을 뜻합니다. 하지만 궁녀의 존재는 고분의 그림을 통해 겨우 추측만 할 뿐이고 고구려의 기록으로 남아 있는 것은 없습니다.

삼국 중에서 궁녀에 대해 가장 오래된 기록을 가지고 있는 나라는 백제입니다.

백제 의자왕 16년 봄 3월의 기록을 보면, '왕이 궁인들과 더불어 주색에 빠지고 마음껏 즐기면서 술 마시기를 그치지 않았다.'고 나와 있습니다. 이것이 우리 역사에서 궁녀에 대해 기록된 최초의 공식 기록이라고 할 수 있답니다.

흔히 백제 의자왕은 삼천 궁녀를 거느렸다고 하는데, 그것은 조선 시대 야사(민간에서 기록한 역사)나 오늘날의 대중 가요에 나온 내용일

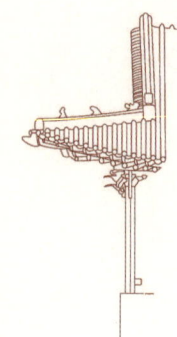

뿐이고 사실은 아닙니다. 역사서 어디에도 의자왕이 삼천 궁녀를 거느렸다는 기록은 없습니다. 더구나 당시 백제의 국력으로는 삼천 궁녀를 거느릴 수도 없었습니다. 백제보다 훨씬 인구도 많았고 영토도 넓었던 조선도 700명이 채 안 되는 궁녀를 뒀는데, 백제가 삼천 궁녀를 뒀다는 게 말이 될까요? 아마도 백제는 기껏해야 300명 정도의 궁녀를 뒀을 거예요.

어쨌든 의자왕 대의 기록을 볼 때 백제에 궁녀 제도가 있었다는 것은 확실합니다. 그러나 구체적인 내용은 알 수가 없답니다.

신라의 궁녀들은 무슨 일을 했을까?

삼국 중에서 그나마 궁녀 조직에 대해 구체적으로 기록을 남긴 나라는 신라입니다. 《삼국사기》 잡지의 신라 관직 편에는 여자들이 종사하는 기관에 대해 나오는데, 이 여자들이 바로 궁녀들입니다. 여자들은 모(母)와 여자(女子)로 구분되었습니다. 그래서 조하방에 모 23인, 침방에 여자 16인, 소방전에 모 6인, 표전에 모 10인, 기전에 모 8인, 염궁에 모 11인, 홍전에 모 6인, 찬염전에는 모 6인, 소전에는 모 6인이 배치되었습니다. 물론 이 외에도 각 궁에 궁녀들이 배치되었을 것입니다. 또 부서 명칭만 나와 있는 금전 같은 곳에도 궁녀들이 배치되었을 것입니다.

부서의 이름에서 알 수 있듯이, 이들은 의식주에 관

련된 일이나, 왕과 왕비와 궁궐에서 생활하는 왕족들의 시중드는 일을 했답니다.

모와 여자로만 불렸던 신라의 궁녀 조직은 상궁과 나인으로 구분되었던 조선과 비슷합니다. 비록 《삼국사기》에 칭호가 두 가지로만 기록되어 있지만, 구체적인 직분에 따라 칭호는 달랐을 거예요. 모는 조선 시대의 상궁에 해당하고 여자는 나인에 해당되었을 것입니다.

그런데 왜 침방(침구를 만드는 곳)을 제외한 나머지 부서에서 일한 여자들을 '모(母)'라고 불렀을까요? 침방이 가장 낮은 부서라서 나인에 해당하는 여자들만 배치되었던 게 아닐까요? 그래서 상궁에 해당하는 모의 숫자만 기록하고, 나인에 해당하는 여자의 숫자는 생략했던 게 아닐까요?

조선의 궁녀들은 모두 700명에서 1,000명 가까이 됐는데도 《경국대전》에 명시된 궁녀의 정식 인원수는 40명도 채 되지 않습니다. 그러므로 신라의 여관(궁녀) 숫자도 100여 명이라고 기록되어 있지만 실제로는 수백 명이었을 것입니다.

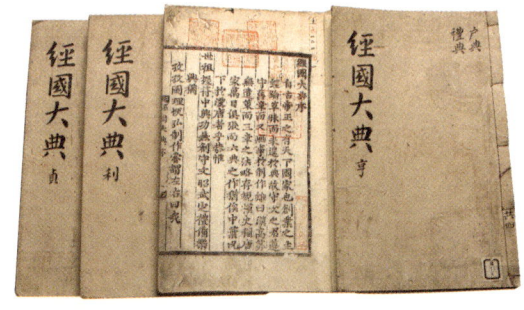

경국대전
세조의 명으로 최항, 노사신 등이 편찬을 시작해 성종 때에 완성된 법전이며, 조선 시대 통치의 기준이 된 최고 법전이다.

고려의 궁녀 조직은 어떠했을까?

고려 건국 초기에는 궁녀 조직에 대해 따로 정한 게 없었습니다. 후궁에 대해서 '원(院)', '궁(宮)', '부인(夫人)'이라는 칭호는 내렸지만,

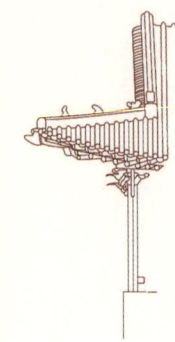

여관들에게는 따로 칭호를 내리지 않았지요. 또한 품계와 직책에 따라 호칭도 달리 붙이지 않았습니다. 고려가 궁녀의 직책에 칭호를 내린 것은 제8대 현종 대였습니다. 이때에 '상궁', '상침', '상식', '상침' 같은 직책이 생겼고, 후궁들에게 '귀비', '숙비' 같은 호칭이 생겼습니다. 이런 칭호들은 대부분 중국에서 들여왔답니다.

제10대 정종 대에는 후궁들에 대해 '원비', '원주', '궁주' 같은 칭호를 사용했습니다. 하지만 이때까지도 후궁과 여관들에게는 품계가 없었습니다. 후궁들에게 품계를 내린 것은 제11대 문종 대였습니다. 문종은 귀비, 숙비, 덕비, 현비 등을 정1품으로 정하고, 공주와 대장공주 등을 정1품으로 정했습니다. 하지만 궁녀들에 대해서는 품계를 정하지 않았습니다. 비록 품계는 없었지만 궁녀들 사이에는 높고 낮음이 있었습니다. 그러나 온갖 악행을 일삼던 충혜왕 대에는 궁녀들의 등급마저 사라져, 후궁의 시녀나 관기까지도 옹주, 택주 등으로 불렸습니다. 원래 옹주는 충선왕 때부터 궁주를 고쳐 부르던 칭호였는데, 충혜왕은 이런 구분마저 완전히 없애 버렸던 것입니다.

이렇듯 고려에서는 궁녀 조직에 대한 세세한 배려가 없었습니다. 그런 탓에 궁녀에 대한 칭호와 품계는 조선 왕조에 이르러서야 제대로 만들어집니다.

조선의 궁녀 조직은 어떠했을까?

조선 태조 6년인 1397년 3월 15일, 상서사 판사로 있던 조준과 정도전 등은 내관의 작호(관작의 칭호)와 품계(벼슬자리에 매기던 등급)를 세워야 한다고 주장했습니다. 그 구체적인 내용은 이렇습니다.

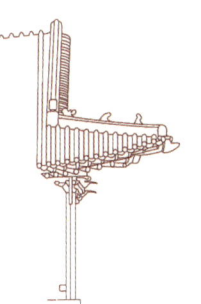

> 후궁에게 해당하는 벼슬인 현의 2인 중 한 명에게는 정1품, 다른 한 명에게는 종1품을 주고, 숙의 2인 중 한 명에게는 정2품, 다른 한 명에게는 종2품을 준다.
> 찬덕 3인 중 1인은 정3품, 2인은 종3품을, 그리고 순성 3인 중 1인은 정4품, 2인은 종4품을 준다.
> 궁녀에 해당하는 벼슬인 상궁 3인 중 1인은 정5품, 2인은 종5품을 주고, 상관 3인 중 1인은 정6품, 2인은 종6품을 준다. 가령 4인 중 2인은 정7품, 2인은 종7품을, 사급 4인 중 2인은 정8품, 2인은 종8품을 준다. 사식 4인 중 2인은 정9품, 2인은 종9품을 준다.

이러한 내용은 태종이 왕위에 올라 확정 짓는데, 이 직책들 중에서 정1품 현의에서 종4품 순성까지가 후궁이고, 정5품 상궁에서 종9품 사식까지가 궁녀입니다.

또한 태종은 이들에게 월급에 해당하는 월봉을 주었습니다. 관리에게는 녹봉을 주는 것이 원칙이지만, 여관들은 궁궐에서 먹고 자기 때문에 월봉을 주는 것이 옳다고 판단했던 것이지요. 하지만 여관들이 받았던 월봉에 대해서는 구체적으로 밝혀져 있지 않습니다.

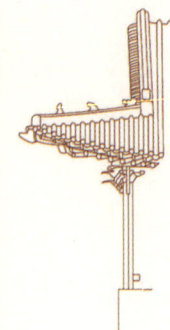

하지만 세종 대에 이르면 후궁과 내명부(궁궐 안에 살며 품계를 받은 여인들) 칭호가 조금씩 바뀌고 《경국대전》 편찬기에 와서 완전히 정립되어 조선 말기까지 이어집니다.

《경국대전》에 나와 있는 내명부 벼슬에는 정1품부터 종9품까지의 작호와 품계가 있습니다. 이 중에서 정1품 빈부터 종4품 숙원까지가 후궁이고, 정5품 상궁 이하의 내명부는 궁녀에 해당합니다.

내명부의 작호와 품계

	내명부	세자궁
정1품	빈	
종1품	귀인	
정2품	소의	
종2품	숙의	양제
정3품	소용	
종3품	숙용	양원
정4품	소원	
종4품	숙원	승휘
정5품	상궁 · 상의	
종5품	상복 · 상식	소훈
정6품	상침 · 상공	
종6품	상정 · 상기	수규 · 수칙
정7품	전빈 · 전의 · 전선	
종7품	전설 · 전제 · 전언	장찬 · 장정
정8품	전찬 · 전식 · 전약	
종8품	전등 · 전채 · 전정	장서 · 장봉
정9품	주궁 · 주상 · 주각	
종9품	주변치 · 주치 · 주우 · 주변궁	장장 · 장식 · 장의

조선의 궁녀는 몇 명일까?

그렇다면 고려와 조선의 궁녀는 숫자가 얼마나 됐을까요?

고려의 궁녀 수에 대해선 기록이 없어서 알 수 없지만, 조선의 궁녀에 대해서는 기록이 조금 남아 있어 그 수를 추측할 수 있습니다.

기록에 따르면, 태종 14년과 15년에 전국적으로 엄청난 가뭄이 계속됐는데, 태종 14년 6월 8일에 궁녀 십여 명을 궁 밖으로 내보냈다고 합니다. 이것은 당나라 태종이 했던 것을 본받아서 한 일입니다. 당 태종은 가뭄이 계속될 때 메뚜기를 씹어 먹으며 궁녀 3,000명을 내보냈다고 합니다. 가뭄 때 궁녀를 출궁했던 이유는, 결혼하지 못한 처녀 총각들의 원망이 하늘에 닿아 천체의 음기(陰氣)를 약하게 만들면 가뭄이 일어난다고 믿었기 때문입니다. 당 태종은 이 말을 믿어서 백성의 마음을 달래기 위해 궁녀들을 출궁했던 거예요. 그래서 결혼하지 못한 처녀들의 원망을 잠재우려고 했던 것입니다. 조선 태종도 당 태종을 본받아 이렇게 궁녀들을 출궁했던 것입니다.

그러나 가뭄은 그치지 않고 1년이 지나도 계속되었습니다. 태종은 이듬해 6월에 궁녀들을 궁 밖으로 내보내려고 했습니다. 그러자 유사눌 같은 대신들이 이렇게 반대했습니다.

"지금 궁녀들은 불과 20명밖에 되지 않

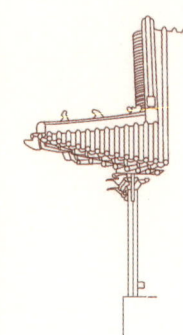
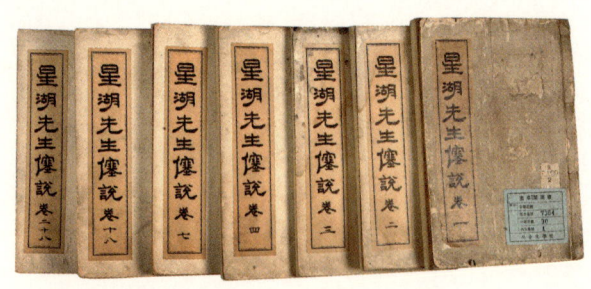

성호사설
조선 영조 때 이익이 평소에 지은 글을 모아 엮은 책이다.

는데, 어찌 출궁할 수 있겠습니까?"

여기서 20명이라는 숫자는 아마도 상궁의 숫자일 것입니다. 궁녀가 20명밖에 되지 않았다면 태종의 가족보다도 적은 수이니까요. 그러므로 말이 안 되지요. 대개 조선의 궁녀들은 600명에서 700명 사이였다고 알려져 있습니다. 조선 영조 대의 이익이 쓴《성호사실》에 '지금 환관이 335명이고, 궁녀가 684명이다.'라고 적혀 있는 것으로 미루어 봐도 알 수 있지요. 또 영조 13년 4월에 이현필이 올린 상소에도 '600명이나 되는 궁녀가 있는데 또 뽑겠습니까?' 하는 내용이 나옵니다. 하지만 궁녀의 숫자가 항상 이 정도는 아니었습니다.《연산군일기》 12년 7월 18일의 기록을 보면, '왕이 두모포에 놀이를 갔는데 궁녀 일 천여 명이 뒤를 따르고, 왕이 길가에서 음란한 행동을 했다.'는 내용이 나옵니다. 이 숫자가 정확하지는 않겠지만, 연산군 대에 궁녀가 1,000명을 넘었다는 것은 사실일 것입니다. 연산군이 전국적으로 처녀들을 뽑아 궁녀로 삼은 예가 아주 많았기 때문이에요. 하지만 고종 말기에는 외교권은 빼앗긴 때라서 궁녀가 200명 정도밖에 되지 않았답니다. 궁녀 숫자가 3분의 1 정도로 줄었을 겁니다.

이런 특별한 상황을 제외하고는 조선 왕조의 궁녀는 평균 600명에서 700명 사이였다고 생각합니다.

어떤 사람들을 궁녀라고 할까?

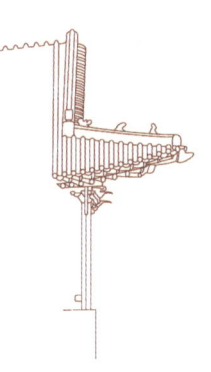

여관

궁녀란 말 그대로 궁궐 안에서 살거나 근무하는 여자들입니다. 그러나 궁궐에 산다고 해서 모두 궁녀는 아닙니다. 《대전회통》에 따르면 궁녀란 '궁중여관'의 줄임말이며, 궁궐에 머물면서 일정한 지위와 월봉을 받았던 왕조 시대의 여성 공무원입니다.

궁녀를 크게 나누면, 내명부의 품계를 받는 여관과 품계를 받지 못하는 천비로 구분됩니다. 여관에는 나인과 상궁이 있고, 천비에는 비자, 방자, 무수리 등이 있지요. 지금부터 이들을 좀 더 세분해서 살펴볼게요.

궁중여관을 줄여서 궁관 또는 여관이라고도 하는데, 궁녀보다는 조금 좁은 의미이지만 흔히 궁녀라고 하면 여관들을 가리킵니다.

여관은 종9품에서 정5품까지 10단계 품계가 있고, 품계마다

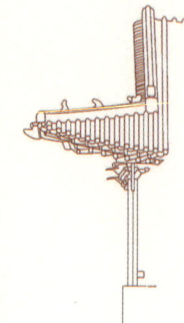

고유한 호칭이 있습니다. 그러나 특별한 행사 때에나 그런 호칭이 쓰이고, 평소에는 상궁과 나인으로 불렸습니다.

나인은 원래 궁궐 안에 산다고 해서 '내인(內人)'인데, 관습적으로 '나인'이라고 했지요. 상궁은 대개 5품과 6품 벼슬을 얻은 궁녀들이고, 7품 이하의 궁녀는 나인이라고 불렸습니다. 대부분 궁궐에 들어온 지 15년이 되면 나인이 되고, 나인이 된 지 15년이 되면 상궁이 됩니다. 그러나 이러한 규정이 항상 지켜진 것은 아니랍니다.

견습 나인

여관이 될 궁녀들은 보통 4세에서 16세 사이에 궁궐에 들어와 15년 정도 교육을 받고 20세를 전후해 관례를 치러 정식 나인이 됩니다. 견습 나인은 정식 나인이 되기 이전의 교육생을 가리킵니다.

견습 나인들은 상궁들에게 한 명씩 맡겨져 궁궐 예절과 말, 걸음걸이 같은 생활 태도를 배웁니다. 또 《훈민정음》을 익히고 나인 생활에 필요한 《소학》, 《열녀전》, 《규범》, 《내훈》 같은 책들을 익힙니다. 그리고 한글 글씨체인 궁체를 배우지요.

견습 나인들은 자신을 가르치는 상궁을 '스승 항아님'이라고 부릅니다. 견습 나인들은 상궁과 같은 공간에서 생활하기 때문에 상궁의 심부름꾼도 되고, 말벗도 되어 줍니다. 상궁들은 견습 나인들의 재롱을 즐기기도 하지만, 엄하게 꾸짖고 벌주기도 합니다. 견습 나인에겐 스승 항아님이 어머니나 마찬가지인 셈이지요.

견습 나인들은 다닐 수 있는 곳이 정해져 있기 때문에 아무 곳에나 드나들 수 없었습니다. 만약 거처 밖으로 나갔을 때에는 심한 벌을 받아야 했답니다.

궁체
궁녀들은 한자는 배우지 않았지만 훈민정음은 반드시 익혔다. 이것은 궁녀들이 썼던 한글체이다.

생각시

견습 나인들 중에서 생머리를 하고 다니는 궁녀를 '생각시'라고 부릅니다. 생머리는 한자로 '사양두(絲楊頭)'라고 하는데 '실버들 머리'라는 뜻입니다. 원래 버드나무에는 '류(柳)'로 표현하는 수양버들이 있고, '양(楊)'으로 표현하는 갯버들이 있습니다. 그러므로 사양두는 '실로 된 갯버들 모양의 머리'라는 뜻이지요.

그럼 생머리는 어떻게 만들까요? 우선 머리를 뒤에서 두 가닥으로 나눠 땋은 다음에 각각 말아 올려 뒤통수 밑에 나란히 세워 끈으로 묶습니다. 그리고 그 위에 길고 넓은 자주색 댕기를 묶어 엉덩이까지 늘어뜨리지요. 이렇게 하면 댕기가 버드나무 이파리처럼 머리 뒤에서 나풀거리게 됩니다.

제1장 궁녀, 그들은 누구일까? 29

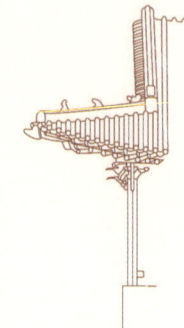

그렇다고 해서 모든 견습 나인들이 생머리를 한 것은 아닙니다. 견습 나인 중에 4, 5세의 가장 어린 나이에 궁궐에 들어오는 지밀, 침방, 수방의 아기나인들만 생머리를 합니다. 하지만 나머지 처소의 나인들은 7, 8세에 궁궐에 들어오고 머리도 하나로 땋은 댕기머리를 한답니다.

정식 나인

정식 나인은 견습 시절을 끝내고 관례를 올린 나인을 말합니다. 관례란 성년식을 말하는데, 관례를 올린 뒤부터는 정식으로 여관의 임무를 맡게 되지요.

조선 시대 성년식에 해당하는 관례는 원칙적으로는 입궁한 지 15년이 지난 뒤에 올렸습니다. 그런 까닭에 처소마다 관례를 올리는 나인의 나이가 달랐지요. 가장 어린 나이에 입궁하는 지밀의 아기나인 중에는 3, 4세 무렵에 입궁하는 경우도 많았기 때문에 18세나 19세 정도에 관례를 올렸습니다. 하지만 다른 처소의 나인은 15세가 넘어 입궁하는 일이 많았기 때문에 30세가 넘어서 관례를 치렀답니다.

관례를 올린 정식 나인에게는 따로 방이 생깁니다. 그러면 정식 나인은 본가에서 들여온 살림살이로 방을 꾸미지요.

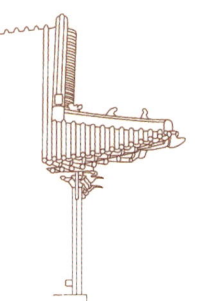

궁녀의 관례는 어떻게 치러질까?

조선 시대에는 일반적으로 여자는 관례를 올리지 않았습니다. 그런데 어떻게 해서 궁녀들은 관례를 올렸던 것일까요?

궁녀들에게는 관례가 혼례와 같은 것이었기 때문입니다. 그래서 궁녀의 관례는 결혼식처럼 치러졌습니다. 관례를 올리는 궁녀는 원삼과 노리개, 어여머리나 화관까지 화려하게 꾸며서 차려입고, 잔치 음식까지 마련했습니다. 이때 겉옷은 나라에서 내리고, 버선이나 속치마 같은 것들은 궁녀의 본가에서 들여왔습니다. 음식도 본가에서 해 왔는데, 관례를 올리는 날에는 본가에서도 결혼식에 버금가는 잔치를 하고 조상에게 예를 올렸습니다. 관례를 올린 뒤부터 딸의 월봉이 나오기 때문에 본가로서도 경제적인 혜택을 누리게 되어 기쁜 일이었지요. 그래서 되도록 시집보내는 것 못지않게 성대한 잔칫상을 차렸습니다.

본가에서 올린 잔치 음식은 궁녀가 머무는 처소의 가장 웃어른에게까지 전해집니다. 만약 궁녀가 대비전 궁녀라면 음식이 대비에게까지 전해졌습니다.

궁녀는 이렇듯 관례를 통해서 일생에 단 한 번 화려한 잔치를 치뤘답니다.

> 궁녀에게는 관례가 결혼식이었지요.

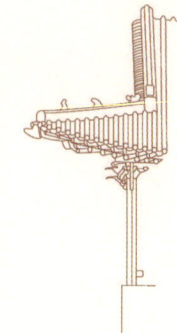

하지만 방을 혼자만 쓰는 것은 아닙니다. 반드시 둘이 써야 하는데, 같은 처소에서 일하는 나인과는 함께 쓸 수 없었습니다. 방 동무가 되면 두 사람은 상궁이 되기까지 15년 동안 같은 방을 씁니다. 이때 동거하는 나인들은 서로를 '벗'이나 '방동무'라고 부르며 가족처럼 지내게 됩니다.

정식 나인이 되면 월봉도 받고 품계도 받습니다. 나인들끼리는 서로를 김씨 형님, 무슨 항아님 등으로 부르지만, 법적으로는 고유한 호칭을 얻게 됩니다. 상궁들도 그들의 이름을 부르는 것이 아니라 성을 붙여 부르게 됩니다. 만약 어떤 나인의 이름이 '박미숙'이라면 상궁들은 '박가 미숙이'라고 부르고, 견습 나인들은 '항아님'이라고 높여 부르게 됩니다.

정식 나인의 방에는 심부름하는 하녀도 한 명 배치됩니다. 이 하녀들은 '방자' 또는 '각심이'라고 한답니다.

본방나인

본방나인은 왕비나 세자빈, 후궁 등이 궁궐에 들어올 때 친정에서 데리고 온 여종을 말합니다. 후궁이나 왕비, 세자빈 등은 궁궐에 들어올 때 대여섯 명의 여종을 데려올 수 있었습니다. 이들은 궁궐에 들어오자마자 나인의 신분이 되었답니다.

본방나인들은 주인이 거처를 옮기면 따라가고, 주인이 궁궐에서 쫓겨나면 함께 쫓겨났습니다. 그리고 주인이 큰 죄를 지어 죽을 처지가 되면 함께 죄를 받아 죽는 일도 많았습니다. 본방나인도 상궁의 나이에 이르면 상궁의 지위를 얻었습니다. 말하자면 본방상궁이 되었던 것이지요.

상궁

정식 나인이 된 지 15년이 지나면 드디어 상궁이 됩니다. 이때부터 '항아님'이 아니라 '상궁마마님'으로 불립니다. 그리고 품계도 올라 6품 이상의 벼슬을 받고, 월봉도 많이 오르게 되며, 살림집도 따로 받게 됩니다.

거처에는 각심이와 침모(바느질하는 여자)가 한 명씩 배치되고, 친척 중에서 가정부처럼 부릴 사람도 쓸 수 있었습니다. 제조상궁과 같이 큰상궁이 될 경우에는 각심이를 여러 명 거느리기도 하고 나중에 비서로 부릴 수도 있었습니다. 물론 고용하는 사람들에게 주는 보수는 나라에서 대신 냈습니다. 하지만 생활비는 자신의 월봉으로 부담했지요.

원칙적으로는 상궁이 되려면 궁궐에서 30년 동안 살아야 합니다. 그야말로 '살아 있는 궁궐 귀신'이 되어야 상궁에 오를 수 있었지요. 하지만 권력을 등에 업고 햇수를 다 안 채우고 상궁이 되는 경우도 있었습니다. 궁녀들은 그런 상궁을 '입상궁'이라 불렀습니다. 말로만 상궁이지 실제로는 나인에 불과하다는 뜻이었지요.

또 상궁 중에는 '특별상궁'이 있었는데, 나이에 관계없이

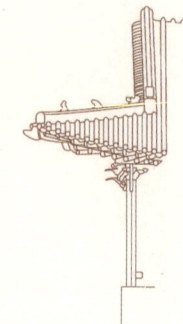

임금의 사랑을 받아 잠자리를 한 상궁을 가리킵니다.

비자

궁녀들의 하녀로서 심부름이나 잡다한 일들을 맡은 여자들입니다. 이들은 궁궐에 머무는 궁궐 노비라고 할 수 있는데, 관비 중에서 결혼하지 않은 여자들이 뽑혔습니다. 이들은 일단 비자로 궁궐에 들어오면 특별한 명령을 받아 출궁하기 전에는 궁 밖에 나가 살 수 없고, 다른 궁녀들처럼 결혼할 수도 없습니다.

비자 중에는 '글월비자' 라는 것이 있는데, 이들은 궁녀들의 문안 편지를 전하고 답장을 받아 오는 우체부 역할을 했습니다.

방자

방자는 '각심이' 또는 '방아이' 라고 불립니다. 얼핏 생각하면 비자와 같은 것 같지만 전혀 다르지요. 이들은 한마디로 상궁의 가정부입니다. 상궁들은 궁궐 안에 자신의 처소를 갖게 되는데, 살림은 모두 방자에게 맡겼습니다. 물론 방자의 월봉은 국가에서 지급했습니다.

이들은 대개 상궁이 친족이나 본가의 이웃에서 개인적으로 데려온 여자들인데, 대부분 결혼 경력이 있었습니다. 그래서 방자는 다른 비자와 달리 관비 출신이 아닙니다. 이들은 가정부 역할을 해야 하기 때문에 부엌일을 한 경험이 많아야 했습니다. 하지만 독신이어야 했습니다. 그래서 남편이 일찍 죽은 과부들 중에서 생활이 어려운 사람들이 방자가 되었지요.

　방자 중에는 시간제로 일하는 반방자가 있고, 붙박이로 일하는 온방자가 있었습니다. 반방자와 온방자는 당연히 보수도 달랐지요. 반방자는 시간제 파출부이고, 온방자는 그곳에서 먹고 자고 생활하는 식모와 같았습니다.

　방자들은 궁궐 밖에 가족이 있는 경우도 많았기 때문에 궁궐 밖으로 나가는 것이 자유로웠습니다. 그러면 상궁들은 그들에게 필요한 물품을 사오게 하고, 가족의 안부나 친족의 안부를 전해 듣기도 했답니다.

무수리

　무수리는 '수사(水賜)'라고도 하는데, 물 긷는 일이 주된 일이었기 때문에 그렇게 불렀습니다. 그렇다고 해서 물 긷는 일만 했던 것은 아닙니다. 아궁이에 불을 때거나 잡다한 막일을 하는 것도 그들의 임무였습니다.

　궁궐에는 우물이 생활공간 안에 있는 것이 아니라 바깥에 있었기 때문에, 물을 모두 길어서 날랐습니다. 그 힘든 일을 무수리들이 모두 도맡아했지요.

　그러나 무수리들은 비자처럼 궁궐 안에서 생활하지 않았습니다. 이들은 신분패를 차고 다니면서 궁궐을 출입하고 출퇴근을 했고, 결혼도 할 수 있었습니다. 물론 결혼하지 않은 어린 소녀도 있었지만, 나이가 차면 언

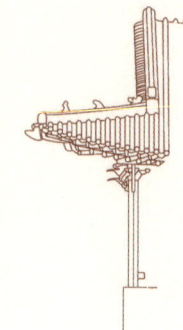

제든지 결혼할 수 있었답니다. 이들은 신분이 천민일 수도 있고, 평민일 수도 있었습니다. 특별한 기준 없이 상궁들이 민간의 아낙들 중에서 힘 좋고 일 잘하는 여자를 골라서 부렸으니까요.

태종 14년 6월 8일의 기록을 보면, 무수리들의 출근 원칙에 대해 이렇게 적혀 있습니다.

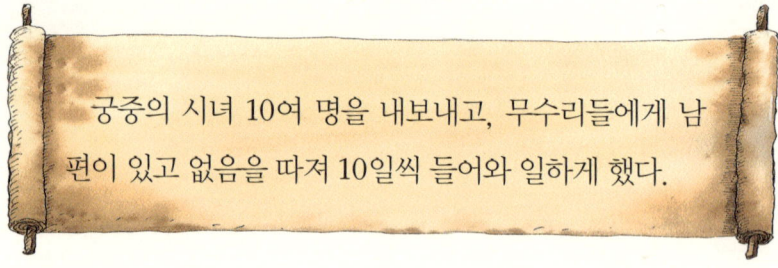

궁중의 시녀 10여 명을 내보내고, 무수리들에게 남편이 있고 없음을 따져 10일씩 들어와 일하게 했다.

즉 남편이 있는 무수리와 남편이 없는 무수리로 나눠서 10일씩 일하도록 했던 것입니다. 그런데 《경국대전》에는 출궁한 무수리도 관리와 결혼할 수 없다고 나와 있는 것을 보면, 무수리 중에도 어렸을 때 궁궐에 들어와 비자처럼 궁궐에서만 생활한 무수리들도 있었던 모양입니다. 이들은 비록 무수리와 같은 일을 해도 신분은 비자였던 것 같습니다. 그 때문에 출궁한 뒤에도 궁녀들처럼 결혼할 수 없었던 모양입니다.

영조의 어머니 숙빈 최씨는 아마도 이런 부류의 무수리였을 것입니다. 숙빈 최씨는

인현왕후를 모시던 무수리였는데, 숙종의 사랑을 받아 후궁이 되었습니다. 숙빈 최씨는 후궁이 된 뒤에 인현왕후 편에 서서 장 희빈과 대립하게 되지요. 그리고 중전에서 쫓겨났던 인현왕후를 다시 중전으로 돌아오게 하는 데 큰 역할을 했고, 결국 장 희빈을 죽게 만드는 데에도 큰 역할을 했지요.

덕분에 아들 연잉군은 경종에 이어 왕위에 올랐는데, 그가 바로 조선에서 가장 오랫동안 왕위에 있었던 영조였습니다. 이렇게 해서 최씨는 무수리 출신으로 왕의 어머니가 된 유일한 사람이 되었던 것입니다.

궁녀는 직분에 따라서 어떻게 불릴까?

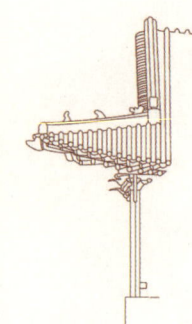

7개 부서로 나뉜 궁녀 조직

여관은 왕과 왕실 사람들의 생활을 위해 만들어진 조직이므로 그 목적에 맞게 구성되었습니다. 여관 조직은 모두 7개의 부서로 이뤄졌는데, 각 부서는 기능과 역할에 충실하도록 짜여졌습니다.

7개 부서는 바로 지밀, 침방, 수방, 세수간, 생과방, 소주방, 세답방입니다.

지밀은 이름 그대로 지극히 비밀스런 일들을 맡은 부서입니다. 왕과 왕비의 잠자리를 비롯해 신변 보호나 의식주와 관련된 모든 일들을 했답니다. 지밀은 이런 일들을 잘 해내기 위해 내시부의 환관, 내의원의 어의, 소주방의 음식 담당자, 사용원의 음식 재료 담당자들과 아주 가깝게 협조합니다.

또 지밀에서는 궁중의 가례, 제례, 혼사와 잔치를 준비하고 왕과 왕비를 호위했습니다. 궁중 가례 때에는 행사를 진행하는 역할도 했습니다. 이를 테면 세자빈이 조견례(폐백)를 올릴 경우 절하는 것을 돕는 수모 역할만 하는 것이 아니라, 절을 구령하고 왕이나 왕비, 왕대비의 교명을 낭독하는 일도 했습니다.

이렇듯 지밀이 왕과 왕비의 일상생활과 관련된 가장 중요한 일을 하는 곳인 만큼, 지밀의 궁녀들은 특별히 출신이 좋아야 했습니다. 또 승은을 입어 후궁이 될 가능성도 높기 때문에 그들의 출신을 중요하게 여겼지요. 그래서 지밀의 궁녀들은 가급적 중인 계층에서 뽑았다고 합니다.

침방은 바늘로 하는 모든 일들, 즉 왕과 왕비는 물론이고 궁궐에서 사용하는 모든 옷을 이곳에서 만듭니다.

수방은 옷에 수를 놓거나 장식물을 다는 부서이고, 세수간에서는 세숫물과 목욕물을 담당했습니다.

옷칠을 한 커다란 함지에 따뜻한 물을 담고, 함지를 씻고, 목욕을 시키는 일도 세수간 궁녀들의 몫입니다. 거기다 내전을 청소하고 지(요강), 매우틀(대변기), 타구(침 뱉는 그릇)와 관련된 일들도 모두 이들이 합니다. 왕비가 나들이할 때 가마 옆에 서서 호위

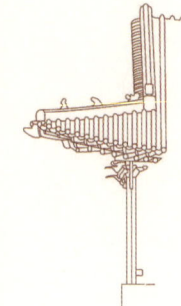

매우틀(왼쪽)
조선 시대 왕이 썼던 이동식 화장실이다.

타구(오른쪽)
가래나 침을 뱉는 그릇이다.

하는 일도 이들의 중요 임무 중 하나입니다.

생과방은 음료수나 다과를 준비하는 곳입니다. 식혜, 다식, 떡과 죽도 생과방에서 만듭니다.

소주방은 음식을 담당하는 곳입니다. 소주방은 안소주방과 밖소주방으로 나뉘는데, 안소주방은 수라를 담당하는 곳이라 흔히 '수라간'이라고도 합니다. 이곳에선 수라에 올라가는 각종 반찬들을 만들지

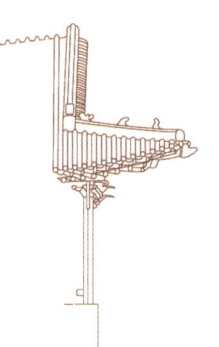

요. 밖소주방에서는 잔칫상이나 제사상에 올리는 음식을 만듭니다. 궁궐에서는 이틀이 멀다하고 잔치나 제사가 있었기 때문에 이곳 궁녀들은 몹시 바쁠 수밖에 없었습니다.

세답방은 한마디로 빨래방입니다. 그렇다고 단지 빨래만 하는 것은 아니라 다듬이질, 다리미질, 심지어 염색도 담당했습니다.

이 7개 부서 외에도 복이처와 퇴선간이 있습니다.

복이처는 아궁이를 담당하는 곳으로, 침실에 불을 때는 것이 임무였습니다. 그리고 내전에 등불을 밝히는 것도 이들의 몫이었습니다. 복이처는 세답방에 속해 있었지만, 이곳의 임무가 세답방과는 전혀 다르므로 다소 독립적인 기능을 했습니다.

퇴선간은 일종의 '중간 부엌'이라고 생각하면 됩니다. 소주방과 대전이 너무 멀기 때문에 소주방에서 준비된 음식이 대전에 도착하면 식어 버리기 쉽겠지요? 그래서 퇴선간에서 음식을 살짝 더 데우게 됩니다. 또 임금의 수라(밥)도 이곳에서 짓습니다.

다 먹은 수라상을 퇴선(음식을 물리는 것)하여 설거지하는 곳도 이곳입니다. 하지만 퇴선간은 소주방에 속한 부서가 아니라 지밀에 속해 있었습니다. 수라상은 근본적으로 지밀에서 책임져야 하는 일이기 때문입니다.

이런 7개 부서는 대전, 중전, 대비전, 동궁전에 모두 있습니다. 또 빈 이하의 후궁전에도 규모는 작지만 비슷한 형태로 궁녀들이 배치되어 있었답니다.

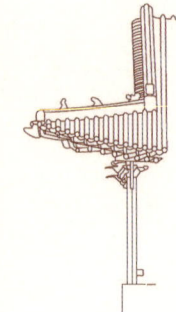

궁녀는 어떤 직위와 직분을 가질까?

이렇게 세밀한 조직을 가진 여관들은 크게 상궁과 나인으로 나누어집니다. 하지만 상궁과 나인이라고 해서 다 같은 것은 아닙니다. 특히 상궁들은 직위가 뚜렷하고, 직위 자체가 서열이 되었습니다. 품계보다는 서열을 중시하는 것이 궁녀 조직의 가장 큰 특징이랍니다.

직위를 갖는 상궁들은 모두 정5품인데 제조상궁, 부제조상궁, 지밀상궁, 감찰상궁, 보모상궁, 시녀상궁 등으로 불렸습니다. 이들은 모두 특별한 직분을 가진 상궁인데, 여관 조직의 핵심이라고 할 수 있습니다. 상궁의 가장 우두머리는 제조상궁입니다. 제조상궁은 '큰방상궁'이라고도 불리며, 700여 명에 이르는 궁녀들을 지휘하고 통솔합니다. 또한 대전의 어명을 받들고, 내전에서 일어나는 크고 작은 일을 모두 관리합니다.

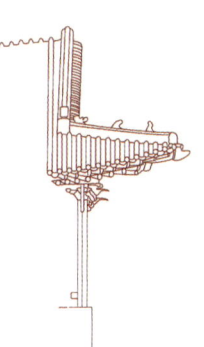

　비록 여관이지만 제조상궁은 여관들의 재상이라 할 만큼 대단한 위엄을 가졌습니다. 실제 조정의 재상들조차 허술하게 대했다가는 대가를 치러야 하는 위풍당당한 존재였지요. 그런 까닭에 일반 나인들은 함부로 근처에 갈 수 없었고, 조정의 고위 관직자들도 가급적 제조상궁과 친분을 쌓아 잘 지내려고 노력했답니다. 때론 재상들이 제조상궁과 의남매를 맺기도 했을 정도였다고 하니, 그 위세가 얼마나 대단했는지 알 만하지요?

　제조상궁 바로 아래에 부제조상궁이 있습니다. 여관 중에서 서열 2위인데 '아랫고(아리고)상궁'이라고 불리기도 합니다. 아랫고란 '하고(下庫)', 즉 내전의 창고를 의미합니다. 이것은 부제조상궁이 내전의 창고를 책임지기 때문입니다. 내전의 창고엔 왕의 사유 재산에 속하는 보물들과 귀중품들이 보관되는데, 아랫고상궁은 이곳의 물품 관리를 책임졌습니다.

　서열 3위는 지밀상궁입니다. '대명상궁'이라고도 하는데, 왕을 그림자처럼 따라다니며 늘 어명을 기다리는 처지이기에 붙여진 별명입니다.

　서열 4위는 감찰상궁입니다. 감찰상궁은 궁녀들의 행동을 감찰하고 평가하는 임무를 맡았습니다. 그들은 주로 일반 상궁과 나인, 견습나인을 감찰했습니다. 나인이 잘못을 저지르거나 법도에 어긋난 행동을 했을 때 형벌을 주는 것도 감찰상궁의 임무입니다. 감찰상궁이 내릴 수 있는 형벌은 가볍게는 종아리형에서 크게는 유배형까지입니다. 감찰상궁은 밑에 여러 상궁들과 감찰나인들을 뒀는데, 이들이 궁녀들

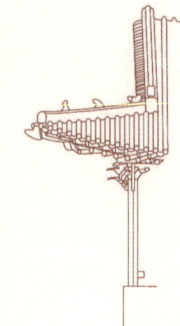

의 경찰 역할을 했습니다. 그래서 일반 상궁이나 나인들에겐 가장 무서운 존재였답니다.

보모상궁은 왕자와 공주, 옹주의 보모 노릇을 하는 상궁입니다. 동궁에게는 두 명의 보모상궁이 배치되었고, 나머지 왕자녀에게는 한 명씩 붙여졌습니다. 당연히 동궁의 보모상궁이 다른 보모상궁들보다 서열이 높겠지요?

시녀상궁은 지밀에 속하는 상궁으로서 서적이나 문서에 관계된 일을 맡았는데, 때로는 세자나 세자빈을 보호하는 일도 합니다. 또 종실이나 외척의 집에 내리는 하사품을 전달하거나 왕비나 왕대비의 친정집에 특사로 가기도 합니다. 흔히 어명을 받고 행차하는 봉명상궁도 대개 시녀상궁이 맡습니다.

특별한 보직을 맡지 못한 상궁들은 흔히 일반 상궁이라고 합니다. 이들은 각 처소에 배치되어 나인들을 통솔하고 직책을 가진 상궁들의 지시를 받아 일을 처리합니다.

직책을 맡은 상궁들은 대개 5품 벼슬을 받은 고참 상궁들이지만, 일반 상궁은 그 아래의 6품 벼슬을 받은 상궁들입니다. 나인들은 이들을 그저 '마마님'이라고만 부릅니다.

상궁은 이렇듯 5품과 6품으로 이루어지고, 나인들은 7품, 8품, 9품 등으로 이루어졌습니다. 일반적으로 품계는 나인이 된 순서에 따라 내려지지만, 품계보다는 서열 위주의 위계가 더 중요했습니다.

내명부 품계에 따라 붙는 직책의 명칭은 크게 상(尙), 전(典),

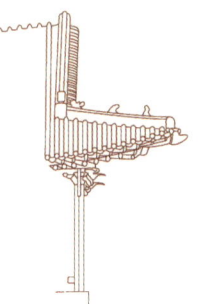

특별상궁은 무엇일까?

상궁 중에는 특이하게도 '특별상궁'이라는 것이 있습니다. 다른 말로 '승은상궁'이라고 하는데, 말 그대로 임금의 승은을 입은 궁녀를 말합니다. 특별상궁이 아이를 낳으면 대개는 후궁의 작위를 받게 됩니다. 하지만 특별상궁은 직책이 아닙니다. 근본적으로 일반 여관에게는 업무와 직위가 있지만 후궁에게는 특별한 업무가 없습니다. 그러므로 특별상궁의 임무는 그저 임금을 잘 모시는 것뿐입니다. 이렇게 특별상궁은 아무 일도 주어지지 않았기 때문에 상궁이긴 하지만 후궁으로 취급하는 게 옳습니다. 간혹 권력을 등에 업고 선배보다 먼저 상궁에 올라 서열을 깨는 경우도 있습니다. 그러나 여관들 사이에서는 그런 상궁을 '입상궁'이라고 하여 그다지 대우하지 않았습니다. 입상궁이란 말로만 상궁이지, 실제는 상궁이 아니라는 뜻입니다.

주(奏)로 구분되었습니다. 상은 5품과 6품의 직책에 붙고, 전은 7품과 8품에 붙으며, 주는 9품에만 붙었습니다. 그러나 대개 5, 6품의 직책을 가진 여관들을 통칭하여 상궁이라 하고, 그 아래의 7, 8, 9품의 직책을 가진 여관들을 나인이라 했습니다.

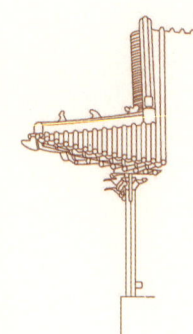

궁녀는 어떻게 뽑혀서 교육될까?

조선 왕조에서 사라질 뻔했던 궁녀 제도

　조선이 건국될 당시에는 궁궐에 여관이 몇 명 없었습니다. 정종 원년 5월 1일에 문하부에서 올린 〈시무 10개조〉를 살펴보면, 여관이 9명이라고 나와 있습니다. 당시 문하부는 여관들이 하는 일 없이 녹봉만 받아먹는다며 비판했습니다. 그러나 태종은 재위 5년 1월 15일에 태조 대 이후로 꾸준히 추진해 오던 여관 제도를 확립했습니다. 그러자 그해 3월 16일에 사간원에서 상소문을 올려 여관을 없애야 한다고 강력하게 주장했지요. 궁녀 제도 자체를 없애자는 것이 아니라, 벼슬을 얻어 녹봉을 타는 여관을 없애자고 주장했던 것입니다. 궁녀들에게 굳이 녹봉을 주지 않아도 궁녀 제도를 유지하는 데에는 문제가 없다고 판단했던 것이지요.

　사간원에서는 당시 국가 재정이 아주 좋지 않았기 때문에 한 푼이라도 아끼자는 뜻에서 그렇게 주장했을 것입니다. 태종도 그 뜻을 이

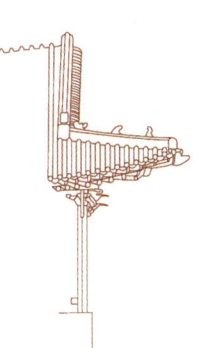

해하고 일단 사간원의 의견을 받아들였습니다. 하지만 여관 제도를 없애지는 않았습니다. 여관 제도는 태종이 필요하다고 여겨 어렵게 만든 것입니다. 여관의 범위에는 일반 궁녀뿐 아니라 후궁도 포함됐는데, 후궁들에게 녹봉을 주지 않으면 왕실의 권위가 설 수 없다고 태종은 판단했습니다. 또한 왕실이 궁궐에서 생활하기 위해서는 수백 명의 궁녀들이 필요했고, 그들을 효과적으로 지휘하고 통솔하지 않으면 왕실의 권위도 세울 수 없으며 왕과 왕비의 목숨도 위태로울 수 있었습니다. 그렇다고 해서 궁궐의 법도를 전혀 모르는 후궁들에게 궁녀들을 관리, 감독하는 일을 맡길 수도 없었지요. 태종이 여관 제도를 없애지 못한 데에는 이런 고민들이 있었습니다.

궁녀는 어떻게 뽑았을까?

여관 제도를 확립한 태종은 분명히 여관으로 쓸 사람들을 뽑았을 텐데, 구체적인 기록은 거의 없습니다. 다만, 태종 2년에 김주의 서녀 관음을 궁녀로 뽑았다가 입궁한 지 5개월 만에 기생의 딸이라는 게 밝혀져 다시 내보냈다는 기록은 있습니다. 조선 왕조가 여관 제도를 처음 마련한 것이 태조 6년이었으므로, 태종 대에 뽑은 궁녀는 여관으로 키우기 위한 후보생들이었을 것입니다.

당시 관음이란 소녀는 열 살이었습니다. 관음과 함께 몇 명의 소녀들이 여관 후보생으로 뽑혔는지는 알 수 없지만 분명 적지 않은 숫자였을 것입니다. 태조와 정종 대의 여관들은 모두 고려 왕조 때 궁에 들어온 궁녀들이었으므로, 태종 즉위 초에 뽑았던 어린 여관 후보생

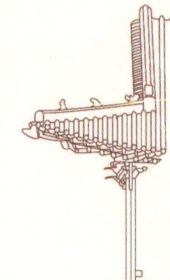

들은 꽤 많았을 것입니다. 또 관음이 기생의 딸이어서 궁궐에서 내쫓았다는 사실에서 알 수 있듯이, 여관 후보생으로 뽑힌 소녀들은 적어도 천민 출신은 아니었을 것입니다. 양반의 서녀라도 어머니가 평민 출신이거나 부모가 모두 평민 이상의 신분이었을 테지요. 하지만 백성들은 국가에서 양가의 딸들을 궁녀로 뽑는 것에 대해 불만이 많았던 모양입니다. 효종 4년 9월 24일의 기록을 보면 이런 백성들의 감정을 잘 알 수 있습니다.

> 내수사에 명령해 양가의 딸을 뽑아 궁녀로 삼게 했다. 이에 내수사 사람이 여러 날 동안 민간에서 뽑으려 했으나 마을이 소란에 휩싸였고, 10세 이상인 자들은 앞다퉈 시집을 가서 궁녀로 뽑히는 것을 피했다. 국법으로는 각사의 종들 중에서 궁녀를 뽑게 되었지만, 이제 양민을 침범하고 환관들을 시켜 뽑게 하니, 듣는 자들이 속으로 개탄했다.

이 기록은 궁녀 선발과 관련해 세 가지 단서를 알려 주고 있습니다. 국법으로는 여관의 원래 신분이 천민이라는 점, 하지만 왕실에서는 양인 출신을 여관으로 뽑으려 했다는 점, 그리고 궁녀 선발을 맡은 기관이 내수사라는 점입니다.

내수사는 궁궐에서 필요한 물품을 관리하는 기관이며, 내수사의 관원은 대부분 환관입니다. 그러므로 궁녀 선발은 내시부의 업무였습니다. 하지만 궁녀를 뽑는다는 소문이 퍼지면 백성들이 나이 어린 딸들을 시집보냈다는 기록이 있는 것으로 봐서, 궁녀를 뽑을 때 국가에서 금혼령은 내리지 않았던 모양입니다.

조선 왕조는 원래 12세 이하의 어린 소녀는 혼인할 수 없도록 법으로 정해 놓았습니다. 이 법은 세종 6년 9월 25일에 만들어졌는데, 명나라에 보내는 공녀 문제 때문에 민가에서 10세 이하의 어린 소녀를 일찍 결혼시키는 풍조가 생긴 까닭입니다. 그런데도 백성들은 궁녀나 공녀로 뽑히는 것을 꺼려 해 딸이 10세만 넘으면 앞다투어 결혼을 시켰습니다.

이렇게 되자, 왕실에서는 궁녀들을 아주 어린 소녀로 뽑았습니다. 심지어는 3세 정도의 젖먹이까지

제1장 궁녀, 그들은 누구일까? 51

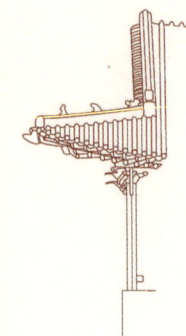

뽑아 궁궐로 데려왔습니다. 이런 사실은 조선 말기에 지밀상궁을 지낸 사람들이 한결같이 4, 5세에 입궁했고, 지밀이 아닌 궁녀들도 대부분 7세 이전에 입궁했다는 증언으로 확인되지요.

국법에서는 천민에서 여관을 뽑게 되어 있지만, 실제로는 거의 양인들에서 뽑았습니다. 심지어 몰락한 양반 출신 궁녀들도 있었고, 중인 집안의 출신도 많았습니다. 앞에서 말했던 관음이라는 궁녀는 10세에 궁궐에 들어왔다가 어머니가 기생 출신이어서 쫓겨났습니다. 이것은 비록 천민이라고 해도 어머니가 어떤 신분이었는지 따졌다는 뜻이기도 합니다.

여관을 양인에서 뽑았던 관습은 후대에까지 이어집니다. 영조 3년 3월 3일의 기록에도 '양가의 딸들을 뽑아 궁중으로 들여오게 될 것이라는 말이 돌자, 항간의 여염에서 크게 두려워하여 뇌물을 바치고 벗어나려는 나쁜 현상이 나타났다.'는 내용이 있습니다. 말하자면 여관들을 양민 중에서 뽑는 전통은 조선 건국 초부터 말기까지 이어졌다는 것입니다.

조선 말기에 상궁으로 있다가 최근까지 살았던 궁녀들의 증언도 이런 사실을 증명합니다. 그들의 말에 따르면 지밀이나 침방, 수방의 궁녀들은 대부분 중인 출신이었다고 합니다. 거기다 궁녀들 중에는 한 집안에서 계속 대를 이어 궁녀가 되는 사람도 있었다고 합니다. 조선 말에 고종을 모셨던 조 상궁은 대대로 지밀상궁을 지낸 집안의 사람이었습니다.

여관들은 자녀가 없기 때문에 자신의 오라버니나 남동생의 딸을 궁녀로 들여 자리를 물려주기도 했습니다. 마치 환관들이 자기 집안에서 양자를 들여 환관직을 물려주었던 것과 비슷하지요.

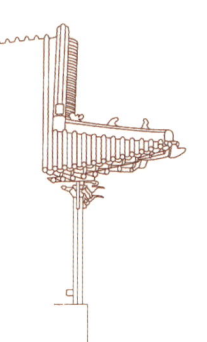

이런 사실은 궁녀 중에 아주 많은 수가 차출이 아니라 추천으로 뽑혔다는 것을 알려 줍니다. 영조 5년 9월 27일의 기록에서 그 점을 확실히 알 수 있습니다.

> 지난해에 양민을 궁녀로 추천한 사람이 있었기에 그 사람에게 벌을 내리도록 했는데, 그 버릇을 고치지 않고 양반의 서녀를 추천해 궁녀로 삼도록 청탁했다. 궁녀로 추천된 이는 죽은 부사 김하정의 서녀(첩의 딸)이자 지금의 첨사 김주정의 서질이다. 이 여자를 추천한 사람을 내수사에 물어보아 벌을 내리도록 하라.

이 기록에는 분명 궁녀를 추천했다고 적혀 있습니다. 그런데 이 글에서 보면 양민을 궁녀로 추천하는 것은 금지했다고 나와 있습니다. 하지만 고종 때 상궁을 지냈던 궁인들의 말에 따르면, 궁녀의 대다수가 양인이었다고 합니다. 그렇다면 어떻게 된 일일까요?

영조 행장(평생 살아온 일을 적은 글)에도 보면, 민진원이 영조에게 올린 글에 이런 내용이 나옵니다.

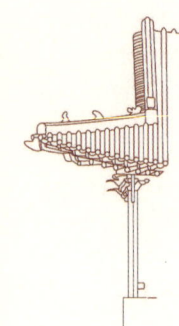

> 궁인은 반드시 내비(궁궐의 노비)에서 뽑고, 양가의 딸을 침범하지 않는 것이 선조의 덕스런 정치였습니다. 하지만 지금은 자주 양가를 침범한다고 하니 정말 안 될 일입니다.

같은 영조 대의 기록이지만 내용은 완전히 다릅니다. 하나는 양가의 딸을 궁녀로 추천했다고 유배되고, 다른 곳에서는 그런 일이 아주 많이 있다고 적고 있습니다. 또 궁녀 출신이었던 사람들의 증언에 따르면 대부분의 궁녀가 양인 출신이었고, 지밀 같은 중요 부서의 궁녀는 거의 중인 출신이었다고 합니다. 이런 말들을 종합해 보면 법적으로 각 관사(관아)의 여비들을 궁녀로 뽑도록 했지만, 왕실에서는 양인 출신을 원했다는 것을 알 수 있습니다. 하지만 백성들이 딸을 궁녀로 내놓지 않자, 왕실에서는 강제로 뽑았을 것입니다. 그래서 뽑힌 양인들 중에는 양반 출신도 꽤 있었을 것입니다. 특히 지밀이나 수방, 침방처럼 중요한 직책을 맡는 여관들은 대부분 양인 출신이었는데, 이들은 추천으로 궁궐에 들어왔을 것입니다.

궁녀는 어떻게 교육시켰을까?

그렇다면 여관 후보생들은 궁궐에 들어온 뒤에 어떤 교육을 받고 여관이 되었을까요? 《경국대전》 '내명부' 편에는 이에 대해 어떠한

글도 실려 있지 않습니다. 실록에서도 여관의 교육에 대해 따로 말하고 있지 않습니다.

이것은 여관을 위한 교육 기관이 따로 없었다는 뜻입니다. 여관 교육은 특별한 교육 기관에서 했던 것이 아니라, 철저히 도제식(제자가 스승과 함께 살면서 배우는 방식) 교육으로 이루어졌던 것입니다. 어린 궁녀들은 궁궐에 들어오자마자 상궁들에게 도제식으로 교육을 받았습니다. 정식 나인이 될 때까지 무려 15년간 가르침을 받았답니다.

어린 후보생들은 자신을 맡은 상궁을 스승으로 삼고 간단한 학문과 서예 등을 익혔습니다. 상궁은 어린 후보생들에게 가장 먼저 《훈민정음》을 가르치고 《소학》, 《열녀전》, 《규범》, 《내훈》 등을 가르쳤지요. 후보생들은 여기에다 '궁체'라고 불리는 서예를 익히고 여관으로서 지켜야 할 예절을 배웠습니다.

그러나 후보생들에게 보다 더 중요한 수업은 자기가 소속된 부서의 일을 익히는 것이었습니다. 여관은 한번 소속된 부서에서 평생 일해야 하기 때문에, 부서의 일은 평생의 임무였습니다.

만약 어떤 후보생이 침방에 소속되었다면 처음에는 정식 나인들의 잔일을 도우며 심부름꾼 노릇을 합니다. 그러다가 실패를 감고, 인두를 건네고, 바늘 쌈지를 챙기며 일을 거들게 되지요. 그리고 시간이 흐르

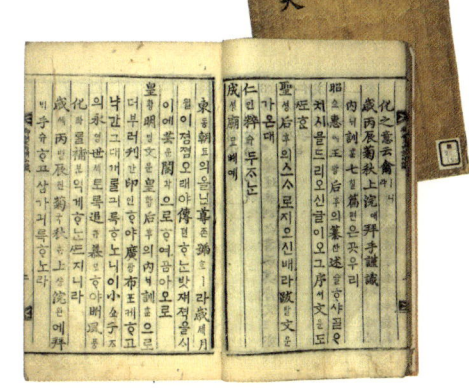

내훈
조선 성종의 어머니 소해왕후가 《소학》 《열녀》 《명심보감》에서 역대 후비의 언행에 본보기가 될 만한 내용을 추려서 언해를 붙인 책이다.

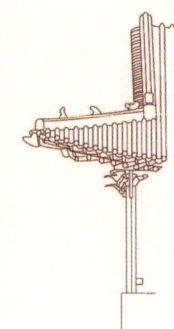

면서 감침질, 박음질, 상침 같은 바느질을 익히고, 조금 더 익숙해지면 옷을 재단하고 만들게 됩니다.

또 소속된 부서가 내소주방이라면 처음엔 설거지를 돕거나 갖가지 채소 이름을 익히고 곡식이나 간장, 고추장, 된장의 종류를 익히게 됩니다. 그런 다음 채소를 다듬거나 그릇을 나르는 일을 시작합니다. 그리고 불을 조절하고, 음식을 버무리고, 간을 맞추는 훈련을 하게 되지요. 동시에 수라상에 올라가는 12가지 반찬에 대해 배우고, 수저 놓는 법이며, 수라를 담는 법이며, 그릇을 놓는 위치를 배우게 됩니다. 그 외에도 요리를 익히고, 그 요리의 특징과 맛을 익혀 언제 어떻게 만들어야 하는지도 배우게 됩니다.

나머지 부서들에서도 그 부서의 업무에 맞게 후보생들을 철저히 교육시킵니다. 이런 과정은 1, 2년의 수련으로 끝나는 게 아닙니다. 15년간 수련 과정을 거쳤다 해도 도달할 수 없는 고도의 기술과 경험이 필요한 것이니까요. 그렇기 때문에 후보생 생활이 끝난 뒤에도 자기 업무에 대한 수련은 계속될 수밖에 없습니다. 그런 의미에서 본다면, 여관의 교육은 입궁한 날부터 늙고 병들어 출궁할 때까지 계속된다고 해야 하겠지요?

궁녀의 복장과 머리 모양

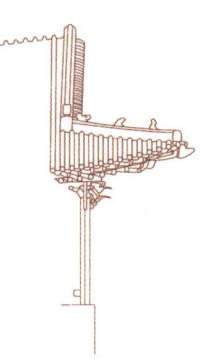

신분과 나이에 따라 달랐다

궁녀의 복장은 신분이나 품계, 나이에 따라 조금씩 다르고, 머리 모양이나 옷의 재질, 색깔, 신 등도 차이가 있었습니다. 하지만 견습 나인들 중에 가장 어린 생각시들은 거의 옷에 제약을 받지 않았습니다. 생각시들은 노란색 저고리에 다홍치마를 입기도 하고, 분홍색이나 자주색 치마에 옥색 저고리를 입기도 했습니다. 그리고 머리 모양은 생머리를 한 것이 가장 큰 특징이었습니다.

생각시는 지밀, 침방, 수방의 견습 나인들만을 가리키는 말인데, 다른 부서의 견습 나인들도 복장에는 큰 제한이 없었습니다. 하지만 다른 견습 나인들은 머리를 하나로 땋은 댕기머리를 했습니다.

견습 나인 시절이 끝나고 관례를 올린 뒤 정식 나인이 되면 옷을 입는 데에도 뚜렷한 원칙이 생깁니다. 근무복과 평상복이 달라야 하고, 근무 중이라고 해도 아침 식전과 오후 4시 이후의 복장이 달랐습니다.

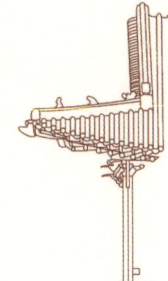

궁녀가 입지 못하는 옷 색깔

고종이 황제에 오른 1897년 이후에는 비빈들이 자주색이나 다홍치마에 노란색 저고리를 입기 시작하자, 견습 나인들의 옷 색깔도 정해졌습니다. 원래 궁녀들은 비빈들과 같은 색의 옷은 입지 못하기 때문입니다. 이때부터 궁녀들은 남색 혹은 연두색 저고리에 진분홍색 치마를 입거나 분홍색 저고리에 남색 치마만 입게 되었습니다.

그런데 비빈들의 옷 색깔 외에도 궁녀들이 입지 못하는 색깔이 또 있었습니다. 바로 백색, 흑색, 옅은 옥색 저고리였습니다. 백색이나 흑색은 원래 상복에 쓰이기에 평복으로는 입지 못했고, 옅은 옥색도 왕의 기복(부모님이 죽은 날에 입는 옷)으로 쓰였기 때문에 금지되었습니다.

나인의 정장은 남색 치마에 옥색 저고리였는데, 그 위에 당의처럼 긴 초록색 곁마기를 입었습니다.

당의는 겨드랑이까지 타져 있지만, 이 옷은 겨드랑이 밑이 막혀 있기 때문에 '견막의'라고 불렀던 것입니다. 아침 식전에는 바로 이런 차림을 하고 있어야 합니다. 하지만 오후 4시 이후에 근무를 설 때에는 밤을 새야 하기 때문에 견막의를 입지 않고 그냥 저고리를 입었습니다. 이때는 분홍치마에 노란색 저고리나 연두색 저고리를 입었습니다.

하지만 고종이 황제가 된 뒤로 황제와 황후가 노란색을 입으면서, 나인은 남색 치마와 옥색 저고리만 입게 되었습니다. 오후에 당번을 설 때 간소하게 저고리만 입었는데, 밤 근무 중에 잠도 자기 때문에 간편하게 입었던 것입니다.

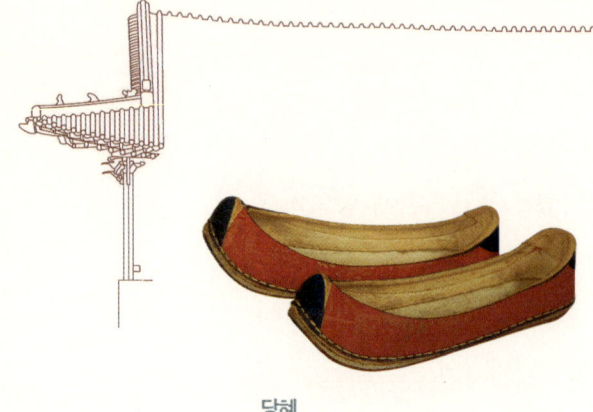

당혜
조선 시대 양가집 부인들이 신었던 가죽신이다.

그런데 지밀나인인 경우에 침전에서 근무할 때에는 머리 모양도 다르게 해야 합니다. 아침 식전에는 정식으로 어여머리를 하지만, 오후 3시 이후에 근무를 설 땐 비녀를 꽂은 조짐머리를 해야 하지요.

나인은 당번을 서지 않고 처소에서 쉴 때는 평복을 입습니다. 비빈의 옷 색깔이나 상복, 기복이 아니라면 옷 색깔의 제약은 받지 않습니다.

상궁의 복장도 나인과 다르지 않았지만, 나인의 저고리 끝동은 자주색이고 상궁은 남색을 썼습니다. 원래 40세가 넘으면 옥색 저고리에 남색 끝동을 달고 옷고름만 자주색으로 하는 것이 원칙이었습니다. 회장(여자의 저고리 깃이나 끝동, 또는 겨드랑이에 대는 빛깔 있는 헝겊)도 나인들은 3회장을 하지만, 40세가 넘은 상궁들은 보통 2회장을 했습니다.

궁녀들의 치마폭은 민간의 여인들 치마폭보다 넓었습니다. 민간의 여인들은 대개 세 폭 치마를 입었지만, 궁녀들은 네 폭 치마를 입었습니다.

그리고 궁녀들은 조짐머리(소라딱지 모양으로 틀어 만든 머리)나 또야머리(내외명부가 첩지할 때 똬리처럼 트는 머리)에 장식품으로 첩지를 꽂았습니다. 이 모양이 개구리 같다고 해서 나인들을 '개구리첩지나인'이라고 부르기도 했답니다. 이때 첩지의 재료는 대개 은이었습니다. 금은

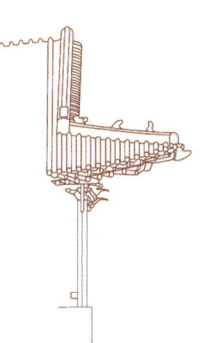

비빈의 첩지 재료였기에 궁녀들은 쓸 수 없었지요.

궁녀들은 홍색과 청색 신을 신었는데, 홍색은 젊은 궁녀들이 신었고 청색은 중년이 넘은 궁녀들이 신었습니다. 따라서 홍색보다는 청색 신이 더욱 고급스러웠겠지요? 홍색 신은 대개 소가죽으로 안감을 대고 홍색 천으로 겉을 대었지만, 청색신은 녹피(사슴 가죽) 같은 고급 가죽으로 안감을 대고 비단을 겉에 대었지요. 이 청색 신을 '청옥당혜'라고 불렀답니다.

그렇다면 궁궐의 천비인 비자나 방자, 무수리는 어떤 옷을 입었을까요? 무수리들은 검푸른 물을 들인 무명옷을 위아래 똑같은 색으로 입었습니다. 그리고 머리는 방석처럼 둥글게 틀어 올리고, 허리에는 같은 무명으로 넓찍한 허리띠를 매어 앞에 패를 차고 다녔습니다.

이 패는 궁궐을 출입할 수 있는 신분증이었습니다. 또 이들은 유달리 긴 저고리를 입었던 게 특징이었습니다. 긴 저고리를 입었던 이유는 머슴들처럼 일을 많이 하기 때문에 자칫 속살이 보일까 봐 염려해서였습니다.

비자들도 무수리와 같은 옷을 입었습니다. 하지만 비자들은 궁궐 안에만 살기 때문에 패를 달고 다니진 않았지요.

다만 문안 편지를 전하는 우체부 같은 빗장나인의 비자들은 패를 달고 다녔다고 합니다.

상궁들의 식모라고 할 수 있는 방자들은 민가의 아낙네와 같은 복장을 했습니다. 비빈들이 입는 복장이나 상복, 기복을 제외하고는 어느 색깔의 옷이나 입을 수 있었고, 머리는 쪽을 지었습니다.

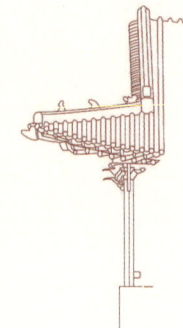

궁녀의 머리 모양은 어떠했을까요?

부인들의 상징이었던 쪽머리

쪽머리는 조선 시대 기혼 여성들이 일반적으로 했던 머리 모양입니다. 하지만 쪽머리가 처음부터 기혼 여성들이 했던 머리 모양은 아니었답니다. 쪽머리를 '낭자머리'라고도 하는데, 이 말은 혼인의 여부와 관계없이 여성들의 일반적인 머리 모양이었다는 것을 뜻합니다.

그럼 쪽머리는 어떻게 만들까요? 우선 앞머리 한가운데에 가르마를 타고, 양쪽으로 머리를 빗어 뒤로 묶고 한 줄로 길게 땋아 쪽댕기로 끝을 묶습니다. 그 다음에 머리 뒤쪽으로 틀어 감아 비녀와 뒤꽂이를 하면 됩니다.

쪽머리는 조선 시대 여성들만 했던 게 아닙니다. 고구려 무용총의 주실 벽화에는 머리를 뒤로 감아 붙인 여인이 그려져 있는데, 이것을 쪽머리의 하나로 보고 있답니다. 따라서 삼국 시대에도 이 머리 모양이 여성들에게 유행했다고 봅니다.

기혼 여성들의 머리 모양으로 쪽머리가 널리 퍼진 것은 영조 이후라고 합니다. 그 이전까지 여성들은 주로 얹은머리를 했습니다. 그런데 얹은머리에 장식을 많이 하는 경향이 있어서 사치 풍조가 유행하자, 나라에서 쪽머리를 장려했던 것입니다.

그러나 쪽머리를 한 뒤에도 족두리나 화관, 비녀, 뒤꽂이 같은 화려한 장식물이 나와 사치

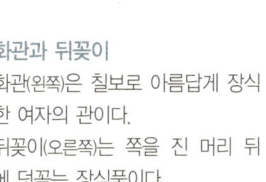

화관과 뒤꽂이
화관(왼쪽)은 칠보로 아름답게 장식한 여자의 관이다.
뒤꽂이(오른쪽)는 쪽을 진 머리 뒤에 덧꽂는 장식품이다.

풍조는 계속되었습니다. 그래서 나라에서는 다시 얹은머리를 장려하는 상황이 벌어지기도 했습니다.

정조 때에는 다시 쪽머리를 하도록 했지만 별다른 성과를 거두진 못했습니다. 이후에 쪽머리가 다시 유행한 것은 순조 대였습니다. 한양을 중심으로 양반 부녀자들이 쪽머리를 하면서 빠르게 퍼졌고, 혼인한 여성들의 일반적인 머리형으로 굳어져 부인들의 상징이 되었습니다.

전통적인 머리 모양, 얹은머리

고대부터 내려오는 우리나라 여성들의 전통적인 머리 모양은 무엇일까요? 바로 얹은머리입니다. 얹은머리는 말 그대로 머리 위에 머리카락을 얹은 것입니다.

얹은머리는 크게 두 종류로 나뉩니다. 첫 번째는 자기의 머리를 땋은 뒤 그것을 머리 뒤에서 돌려 감아 그 끝을 앞머리 중앙에 감아 꽂는 것입니다. 그리고 다른 하나는 가체(가짜 머리)를 머리 뒤로부터 양쪽 귓가를 감아 얹는 트레머리형입니다.

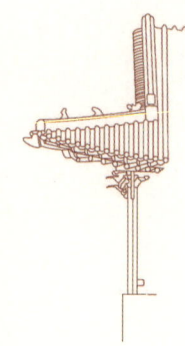

이 두 가지 머리형은 고구려의 고분 벽화에서도 흔히 볼 수 있고, 백제나 신라의 여인들도 이런 머리 모양을 했다는 기록들도 있습니다. 얹은머리는 조선 시대까지 유행했지만 영조 때 머리 모양에 대한 개혁을 실시하면서 모든 가체를 금지하고, 자기 머리만으로 쪽을 짓는 쪽머리를 하도록 법으로 정했습니다. 이후에 얹은머리 풍습은 점차 사라졌답니다.

귀족의 상징, 어여머리

어여머리는 예장용 머리 모양으로 '어유미(於由味)'라고도 합니다. 이 머리는 궁중의 비빈이나 양반가의 부녀자들이 했고, 상궁 중에서는 지밀상궁만 할 수 있었습니다. 말하자면 귀족층을 상징했던 머리 모양인 셈입니다.

어여머리를 하는 방법은 앞가르마를 한 뒤 뒤통수 아래쪽에서 쪽을 지고, 가리마 위에 어염족두리를 씁니다. 그리고 가체로 땋아 만든 커다란 다리(여자들의 머리숱이 많아 보이라고 덧넣었던 딴머리)를 어염족두리 위에서 양 귓가와 목덜미 위에 얹습니다. 그 다음에 머리 위와 양 옆에 화려한 떨잠을 꽂고 붉은 댕기로 머리 뒤를 장식한답니다.

어염족두리는 조선 시대 왕비나 상궁이 예복을 입고 위엄을 갖출 때 머리에 첩지를 한 다음 그 위에 쓰던 족두리입니다. 흔히 '솜족두리'라고 하는데, 족두리 안에 솜을 채워 넣었기

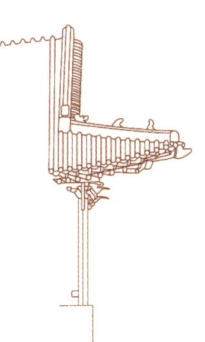

때문에 붙여진 이름이지요. 이 어염족두리는 큰머리와 어여머리를 할 때 밑받침으로 사용합니다.

어염족두리는 검은 자주색 비단 속에 솜을 넣고, 끈은 검은 자주색 명주실로 꼬아서 만들었습니다. 끈은 쪽 뒤로 묶어 고정시키는 역할을 했습니다.

특별한 행사 때 하는 조짐머리

궁궐이나 양반가의 여인들이 예식이나 경사가 있을 때, 또는 문안 차 궁궐에 들어올 때 하는 머리 모양이 조짐머리입니다. 이 머리는 가체의 하나에 속하는 다리를 이용해 만듭니다. 이때 다리 열 꼭지로 쪽을 지어 첩지 끈과 연결시킨 뒤 쪽머리에 붙여 사용하는 방법을 선택했습니다.

이 머리 모양은 정조가 머리 모양에 대한 제도인 발제(髮制)를 개혁할 때 얹은머리 대신 쪽머리를 장려하면서 유행했습니다. 이 머리를 하는 목적은 쪽을 돋보이게 하기 위해서였지요.

조짐머리도 비녀와 떨잠으로 장식했는데, 《사절복식요람》에는 10월부터 정월까지 도금용잠(용의 머리가 새겨진 비녀)을 꽂고, 2월에는 옥모란잠(모란꽃이 새겨진 옥비녀)을 꽂으며, 5월에는 민옥잠(꾸밈이 없는 옥비녀)과 떨잠을 꽂는다고 적혀 있습니다.

떨잠이 뭐냐고요? 대례복을 입고 큰머리를 할 때 머리에 꽂는 장식품인데, '떨철반자'라고도 합니다. 떨잠은 옥판을 조각해 가운데 판을

비녀
여자의 쪽 찐 머리가 풀어지지 않도록 꽂는 장신구이다.

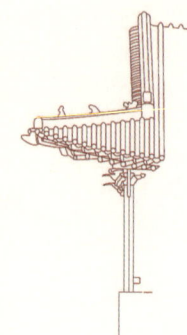

만들고, 뒤쪽에 구리로 만든 납작한 머리꽂이를 붙인 화려한 머리핀입니다. 떨잠 모양은 중앙에 꽂는 나비 모양의 선봉잠과 머리 옆쪽에 꽂는 둥근 모양의 반자가 있습니다. 떨잠 중에는 사각으로 된 것도 있습니다. 여기에 진주, 산호, 비취, 칠보 같은 화려한 장식물들이 붙어 있습니다.

떨잠
머리 꾸미개의 하나이다. 큰머리나 어여머리의 앞 중심과 양옆에 한 개씩 꽂는다.

대개 한 사람이 큰머리를 할 땐 머리 중앙에 꽂는 선봉잠 하나와 양쪽 좌우에 꽂는 반자 두 개 등 세 개의 떨잠이 필요합니다.

가장 장중한 머리 모양, 큰머리

큰머리는 궁궐이나 양반가에서 예식을 올릴 때 떠구지를 사용해 만드는 가장 장중한 머리 모양입니다.

이때 사용하는 떠구지는 나무로 만든 장식품인데, '떠받치는 비녀'라는 뜻에서 이 이름이 생겨났지요. 다른 말로 '떠꽂이'라고도 합니다. 떠구지는 큰머리를 꾸밀 때 꼭 필요한데, 어여머리 뒤에 꽂는 거대한 비녀인 셈입니다.

그럼 큰머리는 어떻게 만들까요? 우선 자기 머리로 앞가르마를 타고 뒤통수 아래쪽에 쪽을 찐 다음 어염족두리를 가르마 위에 얹습니다. 다시 그 위에 가체로 땋아 만든 다리를 얹어서 어여머리를 하지요. 그리고 떠구지 안쪽과 바깥쪽에 비녀를 꽂아 머리와 떠구지를 고

정시킵니다. 그런 상태에서 머리 위와 양옆에 옥판을 꽂고 뒤에 붉은 댕기로 장식합니다. 이때 떠구지에는 반드시 검은 댕기를 묶어 늘어뜨립니다.

떠구지는 나무로 만들었기 때문에 제법 무겁습니다. 거기다 가체로 땋아 만든 다리의 무게도 만만치 않고, 머리 무게도 꽤 나가기 때문에 큰머리를 했을 때 여인들이 여간 힘들지 않았을 것입니다. 마치 머리 위에 큰 물건을 올려 놓은 것 같았겠지요.

처녀 총각의 상징, 땋은 머리

땋은머리는 관례를 올리지 않은 남녀의 전통적인 머리 모양으로 변발(辮髮)의 한 종류입니다. 백제와 신라에서도 미혼 남녀들이 이 머리 모양을 했다고 기록되어 있습니다.

변발이 뭐냐고요? 머리 모양을 변형시킨 것을 말하는데, 우리에게 가장 익숙한 변발은 몽고식 변발일 거예요. 흔히 몽고식 머리 모양이라고 알려진 개체변발은 머리의 변두리를 깎아 내고 정수리 부분의 머리만 남겨서 뒤로 길게 땋은 것입니다. 고려가 몽고의 지배를 받던 때에 고려 사람들도 많이 했다고 해요. 하지만 공민왕이 즉위한 뒤 고려의 전통 복장과 머리형으로 되돌려 놓으면서 사라졌습니다. 그 대신 땋은머리가 다시 유행했습니다.

조선 시대 처녀의 경우 땋은 머리에다 반드시 붉은 댕기를 맸고, 총각의 경우엔 검은 댕기를 맸다고 합니다.

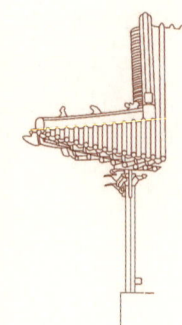

궁녀의 직장 생활은 어떠했을까?

궁녀는 어떻게 근무했을까?

궁녀는 대개 하루 쉬고 하루 근무를 했습니다. 야간 근무를 서야 하는 지밀 같은 경우만 하루를 주간과 야간으로 나눠서 2교대 근무를 했다고 해요. 이렇게 근무를 서는 것을 흔히 '번(番)살이'라고 불렀습니다. 번살이는 견습 나인 시절부터 했지만, 그때에는 야간 근무는 하지 않고 낮에만 나인들을 보조하는 역할을 했습니다. 일종의 예비 훈련을 받은 셈이지요.

궁녀들의 번살이가 본격적으로 시작되는 때는 관례를 올린 뒤부터입니다. 2명이 한 조가 되어, 2조가 낮밤으로 교체되고 다시 일정한 기간이 지나면 낮 근무와 밤 근무가 서로 바뀌게 됩니다. 근무 교대 시간은 오후 3시 또는 4시와 새벽입니다. 교대 시간은 계절에 따라 달랐습니다. 하지만 다른 부서는 격일제로 근무했고, 근무가 없을 때에는 처소에서 개인 생활을 했습니다.

궁녀의 월급은 얼마였을까?

궁녀도 다른 관리들처럼 급료를 받았습니다. 일반 관리들은 계절마다 녹봉을 받았지만, 궁녀들은 달마다 월봉을 받았지요. 나라에서는 녹봉으로 토지와 곡식을 주었고 계절마다 곡식을 지급했습니다. 월봉으로는 곡식이나 돈을 지급했지요. 궁녀에게 녹봉을 주지 않고 월봉을 주었던 것은 근본적으로 국가의 재정을 아끼기 위해서였습니다. 궁녀가 가족들과 생활하지 않고 궁궐 안에만 머물고 집이나 옷, 식사 등은 제공 받기 때문에 일반 관리와 똑같이 녹봉을 줄 필요가 없었던 것입니다. 또 궁녀들 숫자도 아주 많은 편이었으므로 녹봉을 줄 경우에 재정적인 부담이 너무 컸기 때문입니다.

조선 왕조가 궁녀에게 급료를 준 것은 태조 때부터였습니다. 아마 고려 왕조에서도 어느 정도의 급료는 주었을 것입니다.

실록에서 여관의 녹봉에 대해 나와 있는 것은 태조 6년 12월 26일의 기록이 처음입니다. 이날 광흥창의 관원 윤회와 이백공, 감찰 최이 등이 순군옥에 하옥되었는데, 녹을 나눠 줄 때 여관들은 제외했다고 적혀 있습니다.

그 후 태조 7년 6월 1일에 정도전, 조준, 남은 등이 임금에게 따로 불려 왔는데, 이 자리에서 옹주나 택주, 여관들의 녹봉을 이전대로 줄 것을 임금에게 주청하는 내용이 나옵니다. 원래 이날이 정식 조회가 있는 날이었는데, 태조는 화가 나서 조회에 나가지 않았다고 합니다.

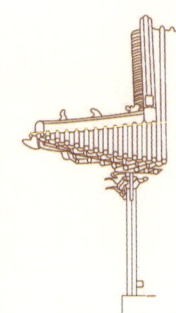

태조가 화난 이유는 조정에서 여관 제도 자체를 반대했기 때문입니다. 조정에서 여관 제도를 반대한 것은 재정적인 문제 때문이었습니다. 그러나 후궁을 거느리고 있던 태조는 후궁들에게 녹봉을 줘야 했기 때문에, 조정의 반대에도 불구하고 여관들에게 녹봉을 줄 것을 결정했지요. 조정이 강하게 반대했지만 태조는 흔들리지 않았습니다.

사실 여관 제도를 공식적으로 도입하기 전에도 궁녀들은 녹봉을 받았습니다. 그러나 관비들 수준에 지나지 않았답니다. 태조는 여관 제도를 뜯어 고쳐 여관의 녹봉을 크게 높였습니다. 근본적으로 왕실을 안정시키기 위해서였지요. 재상들은 재정적인 부담을 염려하며 과거처럼 적은 금액의 녹봉만 지급할 것을 청했지만, 태조는 화를 내며 다시 고칠 수 없다고 맞섰습니다. 그러나 태조의 바람처럼 여관들에게 정상적으로 녹봉이 지급되진 않았습니다.

태조 이후 정종이 들어섰을 때도 이 문제는 해결되지 못했습니다. 조정에서는 여관에게 녹봉을 주지 말아야 한다는 상소만 빗발쳤습니다. 하지만 정종도 이런 의견을 쉽게 받아들이지 않았습니다.

그러다가 태종이 즉위하면서 조금 변화가 생깁니다. 태종은 여관 제도를 정착시키기 위해 현실적인 방안을 내놓았습니다. 즉 녹봉 대신 월봉을 지급하는 것이었습니다. 태종은 재위 1년 3월 9일에 태조를 모시고 있던 태상전의 여관들에게 먼저 월봉을 지급하는 것으로써 실천에 옮겼습니다. 이어서 여관 제도를 확정 지었습니다.

그러나 이때 여관들에게 월봉으로 어떤 것이 지급되었는지는 기록되어 있지 않습니다. 여관의 월봉에 대해 구체적으로 기록되어 있는 것은 조선 말기 고종 시절의 기록뿐입니다. 그것도 고종 재위 시절의 기록에는 없고, 나라가 망한 지 15년이나 지난 1925년의 기록에 나와 있을 뿐입니다.

고종을 모셨던 상궁들의 말에 따르면, 비자나 아기나인부터 제조상궁에 이르기까지 모든 여관들은 급료를 받았다고 합니다.

아기나인들은 월봉으로 백미 4말을 받았고 해마다 명주, 무명을 한 필씩 받았으며, 솜 10근도 받았다고 합니다. 때론 솜 대신 베나 모시를 받기도 했습니다. 물론 이것들은 아기나인의 본가로 보내졌습니다.

당시 여관과 비자들의 월급 명세표를 보면 지밀이 가장 많이 받았고, 나머지 부서의 궁녀들 월급은 거의 비슷했습니다. 지밀에서 가장 적게 받은 궁녀는 50원이었고, 가장 많이 받은 궁녀가 196원이었습니다. 물론 196원을 받은 궁녀는 제조상궁이었지요. 나머지 부서의 궁녀들은 최하 40원에서 최고 80원 사이를 받았습니다. 그리고 비자들은 거의 똑같이 18원을 받았고, 비자 중에서 최고 우두머리만 20원을 받았습니다.

제1장 궁녀, 그들은 누구일까?

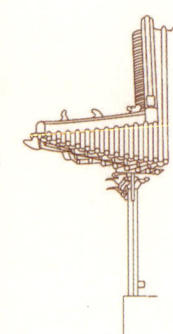

　이런 월봉 외에 명절이나 혼인, 생신 등을 치를 때마다 궁녀들에게는 따로 쌀이나 비단, 옷감 등을 내렸습니다.

　1925년 당시 1원의 가치가 지금의 만 원 정도라는 것을 고려하면, 궁녀들의 월봉이 그렇게 많았던 것은 아니었습니다. 그러나 월봉 외에 정기적으로 받은 옷감이나 솜 등과, 궁녀들의 의식주가 궁궐에서 해결된다는 조건을 더해 보면 월봉이 아주 적은 것도 아니었습니다. 제조상궁이나 지밀상궁 정도 되면 120원이 넘는 월봉을 받겠지만, 나머지 부서의 상궁들이 받았던 최고 액수는 80원이었습니다. 그리고 대다수의 나인들은 40원에서 50원 대의 월봉을 받았지요. 비자의 경우에는 나인들의 절반에도 못 미치는 18원을 받았습니다. 이들이 받은 1원을 만 원으로 계산했을 때, 나인이나 비자들의 월봉은 아주 적은 수준이었다는 것을 알 수 있습니다. 하지만 조선 시대에는 여성들이 바깥 활동을 거의 할 수 없었다는 것을 고려한다면 결코 적은 액수는 아니었지요.

　1920년 당시에 쌀 80킬로그램 한 가마에 20원 정도 했으니까, 비자들의 한 달 월봉이 쌀 한 가마 정도였다는 것을 알 수 있습니다. 그리고 직급 낮은 나인은 쌀 2가마, 일반 상궁은 쌀 3가마 정도였습니다. 하지만 지밀상궁들은 적어도 쌀 6가마가 넘는 월봉을 받았답니다.

궁녀들에게도 휴가가 있었을까?

　조선왕조실록 어디를 살펴봐도 궁녀들에게 휴가를 줬다는 기록은 없습니다. 그렇지만 궁녀들의 휴가에 대한 기록이 전혀 없는 것은 아

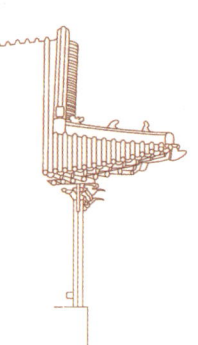

니에요. 숙종 7년 1월 28일에 용천의 유학 장신한이 올린 상소에 이런 내용이 있습니다.

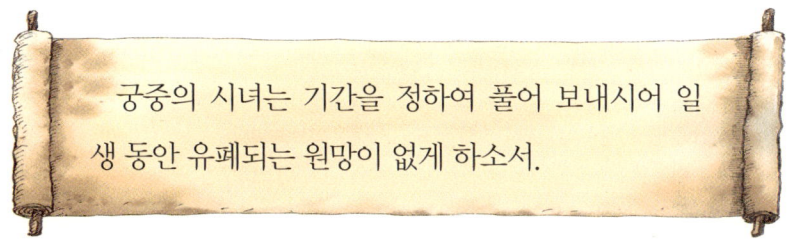

궁중의 시녀는 기간을 정하여 풀어 보내시어 일생 동안 유폐되는 원망이 없게 하소서.

여인들을 한곳에 가두면 여인들의 원망이 하늘에 닿아 나라에 불운한 일이 생긴다는 것이 당시 사람들의 믿음이었습니다. 그래서 나라에 큰 변란이 있거나 홍수나 지독한 가뭄이 일어나면 궁녀들을 출궁시키는 풍습이 있었습니다. 이 풍습은 고대 중국에서 생긴 것인데, 조선에서도 곧잘 이 풍습을 들먹이며 궁녀들을 내보내곤 했습니다. 그런데 내보낸 궁녀 중에서 머물 곳이 없는 궁녀는 다시 불러들였고, 시간이 지나 모든 게 나아지면 궁녀를 다시 불러들이기도 했습니다.

어쨌든 이런 까닭에 궁녀에게 휴가를 주라는 장신한의 상소에 대해 숙종은 이렇게 대답했습니다.

"진언한 정상을 참작하여 가납하도록 하겠다."

궁녀에게 휴가를 주라는 주청은 이렇게 해서 받아들여졌습니다. 하지만 여관들에게 정기적으로 휴가를 준 것 같진 않고, 특별한 일이 있거나 몸이 심하게 아픈 경우만 줬던 것으로 보입니다.

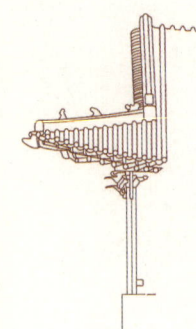

궁녀의 출궁과 죽음

궁궐에서 죽으면 안 되는 존재

'궁녀는 궁궐에 한번 들어가면 살아서는 못 나온다.'는 말이 있습니다. 그러나 사실은 궁녀는 절대로 궁궐 안에서 숨을 거두면 안 된답니다. 혹 궁녀가 궁궐에서 뜻하지 않은 사고로 숨을 거두면 측문으로 몰래 궁녀를 업고 나와 밖으로 보내곤 했습니다. 그런 궁녀를 제외한 모든 궁녀는 산 채로 궁궐에서 나와야 합니다.

궁녀가 궁궐을 떠나는 이유에는 여러 가지가 있지만, 크게 보면 세 가지입니다. 첫째는 궁녀가 병들거나 늙어서 더 이상 일을 할 수 없을 때이고, 둘째는 나라에 큰 재난이나 우환이 있을 때이며, 셋째는 궁녀가 죄를 지었을 때입니다.

궁녀는 원래 평생 해야 하는 직업이기에 죽을 때까지 궁궐에서 생활해야 합니다. 하지만 대개 60세가 지나면 야간 근무는 없어지고 주간 근무만 하게 됩니다. 그런데 너무 늙어 주간 근무조차 할 수 없게 되면 출궁하게 되지요. 젊은 상궁이나 나인이라도 병이 너무 깊어 일할 수 없게 되어도 출궁하게 됩니다.

출궁한 궁녀는 대개 본가로 가게 됩니다. 이럴 경우 본가의 동생이나 오빠, 또는 조카가 궁녀를 데려가기 위해 궁궐로 들어옵니다.

궁녀는 어떤 때에 출궁될까?

나라에 큰 재앙이 있을 때, 가령 가뭄이 오랫동안 계속된다거나 궁궐에 큰 걱정이나 근심이 계속될 때도 궁녀들이 출궁합니다. 이런 경우에는 대개 젊은 나인들이 출궁하는데, 시집을 가지 못한 여인들의 원한이 뭉쳐서 나라에 재난이 생겼다고 믿었기 때문입니다. 즉, 여인들의 원한이 재난을 일으켰으니 그 원한을 풀어 재난을 해결한다는 뜻입니다. 우리들이 생각하기에 우습고 미신 같아 보이지만 조선 시대에는 사실로 여겼습니다. 심지어 남자들도 결혼을 하지 못하면, 그 원망이 쌓여 재난을 일으킨다고 생각해 환관들도 모두 아내를 맞이하고 가정을 갖게 했습니다.

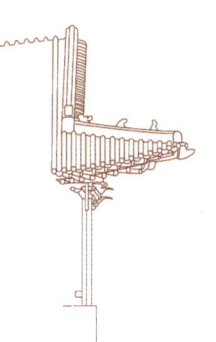
궁녀들의 원한이 하늘에 닿았구나.

가뭄은 주로 여자들의 원한 때문에 생긴 것이라고 믿는 것은 오래 전에 중국에서 생긴 속설입니다. 실제 중국에선 오제 시대 이후로 가뭄이 생기면 궁녀들을 내보내곤 했으니까요. 또 당 태종 이세민은 가뭄이 너무 심해 메뚜기 떼가 걷잡을 수 없이 퍼지자, 직접 메뚜기를 잡아 먹으면서 백성들을 다독였으며 궁녀 3,000명을 궁궐에서 내보내기도 했습니다.

이런 중국의 풍습이 우리나라에 전해졌고, 조선 태종은 재위

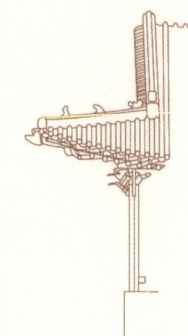

15년에 극심한 가뭄이 닥치자 그해 6월 5일에 당 태종이 했던 것처럼 궁녀 몇 명을 내보냈습니다.

세종 원년에도 아주 심한 가뭄이 들자 궁궐의 방자들을 궁궐 밖으로 내보냈고, 현종 10년에도 궁녀 십여 명을 내보냈습니다. 또 숙종 11년 2월 29일에도 궁녀 25명을 내보냈고, 영조 26년에도 45명을 내보냈습니다. 물론 아주 심한 가뭄 때문이었습니다.

이 외에도 가뭄 때문에 궁녀를 출궁한 예는 여러 차례 있습니다.

가뭄이 들면 이렇게 여인의 원한을 달랜다는 핑계로 궁녀들을 내보냈지만, 다른 이유도 있었습니다. 가뭄이 들면 백성들의 삶이 어려워지는데, 임금만 호의호식하면 백성들이 왕을 원망할 수밖에 없겠지요? 그래서 궁녀의 수를 줄이고 왕 스스로 불편해지는 것을 감수한 것입니다. 또한 가뭄 때문에 궁궐에도 경제적인 어려움이 생기므로, 궁녀들의 숫자를 줄여 지출을 줄이고, 백성들에게 절약을 강조하려는 의도도 있었습니다.

가뭄 외에도 특별한 사건 때문에 궁녀를 출궁한 경우도 있습니다. 효종 5년 9월에 궁녀가 우물에 뛰어들어 자살한 사건이 있었는데, 효종은 이 사건 후 궁녀들을 불쌍하게 여겨 30명을 내보냈습니다.

마지막으로 죄를 지은 궁녀를 출궁하는 경우도 있었는데, 대개 죄 지은 궁녀들은 섬으로 귀양을 보냈습니다.

영조 10년 9월 27일에 어기(임금이 쓰는 그릇)를 훔친 궁녀를 특별히 사형에서 감형했다는 기록이 있습니다. 감형된 궁녀는 섬으로 귀양 갔습니다. 귀양 간 궁녀는 대개 관비로 지내며 노역을 해야 했는데,

절대 결혼은 할 수 없었습니다.

이렇게 해서 출궁한 궁녀들은 죽은 뒤에 화장되었습니다. 하지만 모든 궁녀가 화장된 것은 아니었습니다. 그중에서 일부는 화장되지 않고 무덤에 묻혔습니다. 무덤은 대개 한성 주변에 있었는데, 경기도 고양시에는 최근까지 궁녀들의 무덤이 남아 있었습니다.

가끔 있는 일이었지만, 출궁했던 궁녀가 다시 궁궐로 돌아오는 경우도 있었습니다. 마땅히 의지할 곳이 없는 궁녀는 왕이 불쌍하게 여기고 다시 돌아올 수 있도록 했던 것입니다. 태종 때 가뭄으로 출궁했던 궁녀들이 매우 어렵게 살고 있다는 소리를 듣고, 세종이 다시 궁궐로 불러들인 일이 대표적인 경우입니다.

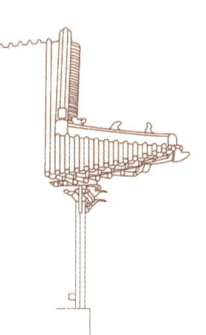

출궁해도 결혼하지 못했던 궁녀들

궁녀는 출궁했다고 해서 완전히 자유를 얻는 것은 아니었습니다. 궁녀는 입궁할 때에 이미 임금의 여자가 된 것으로 보기 때문에 다시 시집을 갈 수 없었습니다. 궁녀를 출궁하는 원래 의도가 결혼하지 못한 처녀들의 원한을 풀어 주고, 결혼하지 못한 총각들에게 짝을 지어 준다는 의미였지만 실제는 전혀 실행되지 못했습니다.

현종 3년 4월 2일엔 승지 김시진이 이런 점을 지적하며 궁녀들을 시집갈 수 있도록 허락해 달라는 상소를 올렸지만, 현종은 화난 얼굴로 아무 대답도 하지 않았다고 합니다. 김시진의 말은 옳지만 받아들일 수 없었던 것이지요.

이렇다 보니, 출궁한 궁녀들은 양반의 첩이 되는 경우가 많았습니

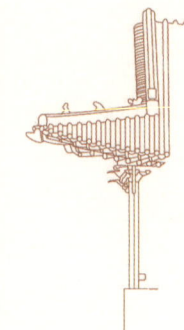

다. 물론 불법이었지요. 그래서 그런 일이 알려지면 궁녀를 첩으로 삼은 사람은 심한 매를 맞고 관직에서 쫓겨나기도 했습니다. 하지만 출궁한 궁녀를 첩으로 삼은 사건은 조선 시대에 심심찮게 일어났습니다.

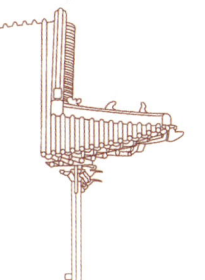

목숨 바쳐 수절한 궁녀 이야기

출궁한 궁녀 중에는 목숨을 바쳐 수절한 사람도 있었습니다. 정조 15년 7월 16일의 기사에 보면, 왕이 궁녀 이씨에게 '수칙'이란 작위와 '정렬'이라는 칭호를 내렸다고 나와 있습니다. 이씨가 출궁된 뒤에 수절하면서 바깥출입을 하지 않고 스스로 죽기를 바랐기 때문입니다. 궁녀 이씨는 10여 세에 이모를 따라 궁궐에 들어갔습니다. 이씨의 이모가 어린 나이에 과부가 되어 궁궐에 들어갔다고 하는 것을 보면 방자 생활을 했던 모양입니다. 하지만 이씨는 나인이 되어 한동안 후궁의 지밀로 일했던 것 같습니다. 그 뒤 어떤 일 때문에 이씨가 출궁되었는데, 그 뒤부터 쓰러져 가는 초가에서 지냈고, 단 한 번도 문 밖으로 나오지 않고, 세수도 하지 않았으며, 사람도 만나지 않았습니다. 정조가 그 소식을 듣고 정절을 지키고자 한 그녀의 행동을 가상하게 여겨 정문을 세워 주고 작위와 칭호를 내렸습니다. 우리들로서는 도저히 이해할 수 없는 행동이지만 당시에는 신하들이 모두 칭찬하고, 왕은 《삼강행실도》에 올려도 전혀 부끄러운 일이 아니라고 칭찬했답니다.

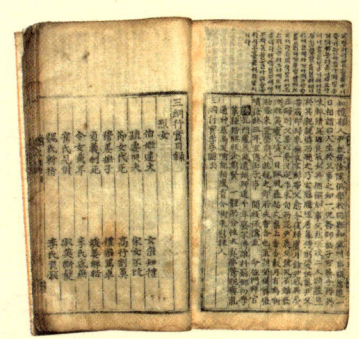

삼강행실도
조선 시대 왕명을 받고 펴낸 책이다. 우리나라와 중국의 책에서 충신, 효자, 열녀를 뽑아 그 행적을 높이 칭찬했다.

제2장
인물과 사건으로 본 궁녀 이야기

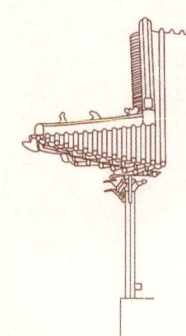

궁녀와 관련된 역사적 사건들

연산군에게 비참하게 죽은 두 궁녀

　연산군은 재위 10년(1504년) 6월 19일에 두 명의 궁녀를 참혹하게 죽였습니다. 궁녀의 머리를 잘라 문 위에 매달고, 사지를 찢어서 사람들이 볼 수 있게 했지요. 그 뒤에 그들의 손과 발을 하나씩 땅에 묻고, 나머지는 사람들이 계속 볼 수 있게 전시했으며, 잘라 낸 머리를 가져와 궁녀들에게 억지로 보게 했습니다.

　이렇게 끔찍한 죽임을 당한 두 궁녀는 최전향과 수근비였습니다. 그런데 연산군은 이 궁녀들을 죽인 뒤에도 분이 풀리지 않았는지 잘라 낸 사지를 전시하고, 그것도 모자라 시신을 각각 다른 곳에 묻었으며, 묻은 자리에는 죄명을 적은 돌까지 세웠습니다.

　그렇다면 이 궁녀들은 누구이며, 무슨 짓을 저질렀기에 연산군이 이렇게 끔찍한 보복을 했던 것일까요?

　전향과 수근비는 원래 연산군이 총애하던 여인들이었습니다. 전향은 출신이 분명하지 않은 후궁이었고, 수근비는 사비(私婢) 출신이었던 궁녀이면서 애첩이었습니다. 전향이 언제 후궁이 됐는지는 알 수 없지만, 수근비는 이 사건이 있었던 1504년 3월 7일에 궁녀가 되었습니다. 수근비는 원래 개인의 노비였는데, 연산군이 관비 옥금을 사비로 대신 내주어서 입궁시킨 여인입니다.

당시 연산군은 전국에 채홍사(기생 중에서 고운 계집을 뽑으려고 전국에 보내던 벼슬아치)를 파견하여 엄청난 숫자의 여자들을 궁궐에 끌어들여 음주가무(술을 마시며 춤과 노래를 즐기는 것)를 즐겼습니다. 그 가운데 눈에 띄는 여자가 있으면 무조건 애첩으로 삼았지요. 전향과 수근비도 그렇게 해서 후궁이 되었습니다. 하지만 두 사람은 그로부터 한 달쯤 뒤에 궁궐에서 쫓겨나고 말았습니다.

그 이유에 대해서 연산군은 이렇게 밝혔습니다.

> 부인의 행실은 질투하지 않는 것을 어질게 여긴다. 그러나 전향과 수근비는 간사하고 흉악하며 교만한 마음으로 질투하여 내정의 교화를 막히게 했으니, 그 죄를 용서할 수 없다.

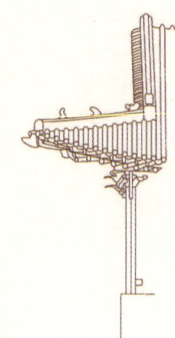

　연산군의 말로 봐서 그 둘은 질투심을 드러냈다가 쫓겨난 것입니다. 궁궐에서 내쫓긴 두 사람은 서강에 살았습니다. 하지만 연산군은 그들을 쫓아내는 것으로 사건을 끝내지 않고 두 사람에게 장 80대를 때리게 했습니다. 그리고 전향은 강계에, 수근비는 온성에 유배를 보냈답니다.

　연산군이 한때 총애하여 후궁으로 삼았던 그들을 유배시킨 이유는 장녹수 때문이었습니다. 장녹수 역시 천비 출신의 후궁이었습니다. 그런데 그녀가 연산군의 사랑을 독차지하자 전향과 수근비가 질투심을 드러냈고, 그것이 연산군에게 발각되어 둘은 폐출되었지요.

　연산군이 그토록 아꼈던 장녹수는 원래 집안이 몹시 가난해서 몸을 팔아 생활하던 여자였습니다. 그런 탓에 여러 남자와 살았지요. 그러던 중에 제안대군(예종의 아들)의 종과 결혼했습니다. 이후에 그녀는 아들을 하나 낳고 노래를 배워 기생이 되었지요. 그녀의 노래와 춤 실력은 탁월했는데, 노래를 아주 잘해 입술을 움직이지 않고도 맑고 고운 목소리를 낼 정도였답니다. 거기다 얼굴이 아주 앳되어서 30세였지만 얼굴은 16세 처녀처럼 고왔습니다. 비록 인물은 그다지 뛰어나진 않았지만 노래와 춤에 뛰어나고 얼굴이 아주 어리게 보인다는 소문을 듣고 연산군이 그녀를 불렀습니다.

　연산군은 첫눈에 그녀에게 반해 즉시 궁궐로 들여 애첩으로 삼았습니다. 그녀는 숙원의 첩지를 받았고, 계속 벼슬이 올라 숙용에 이르렀답니다.

　그런데 그녀는 일반 후궁들처럼 연산군을 대하지 않았는데, 특이하

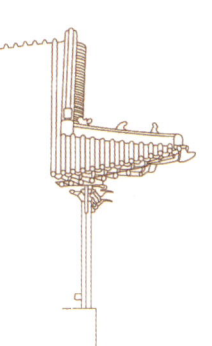

게도 연산군은 그녀의 그런 면에 매료되었습니다. 실록에는 장녹수가 연산군을 대하는 게 '왕을 조롱하기를 마치 어린아이 다루듯 하고, 왕에게 욕하기를 마치 노예에게 하듯 했다.'고 적혀 있습니다. 그런데 연산군은 '아무리 화가 나는 일이 있어도 녹수만 보면 기뻐했다.'고 합니다.

또 실록에는 장녹수에 대해 '얼굴은 중간치 정도를 넘지 못했으나, 남모르는 애교스런 말과 요사스러운 아양은 견줄 사람이 없었다.'고 적혀 있습니다. 어쨌든 연산군은 장녹수의 말이라면 무엇이든지 들어줬고, 장녹수와 함께하는 일이라면 뭐든지 즐거워했답니다.

이렇게 되자, 다른 후궁들의 시기와 질투가 아주 많았지요. 전향과 수근비는 바로 장녹수를 시기하다가 본보기로 걸렸습니다. 연산군의 눈 밖에 난 전향과 수근비는 재산을 모두 빼앗기고 유배지로 떠났지만, 사건은 그것으로 끝나지 않았습니다.

그들이 유배지로 떠난 뒤인 그해 6월 8일, 연산군은 소격서의 종 도화를 비롯해 전향과 수근비의 일족을 모두 잡아들이게 했습니다. 간밤에 도성의 담벼락에 익명서가 나붙었는데, 연산군을 비하(업신여김)하고 장녹수를 저주하는 내용이 적혀 있었기 때문이었습니다. 연산군은 이것을 전향과 수근비 집안사람들의 짓이라고 생각했습니다.

그들을 국문한 것은 추관(죄인을 심문하던 벼슬아치)으로 선임된 유순과 의금부 당상관들이었습니다. 하지만 심문한 내용은 공개되지 않았지요. 궁궐 안의 비밀스런 일이라고 해서 사관조차 국문장에 가지 못했습니다. 그 때문에 익명서의 구체적인 내용은 기록되지 못했습니다.

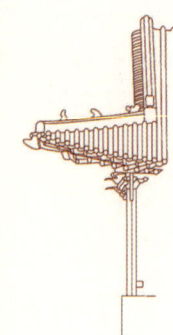

　잡아들인 사람이 무려 60여 명이었지만 아무도 죄를 인정하지 않았습니다. 그러자 연산군은 그들의 이웃집 사람 40여 명을 더 잡아들이게 했습니다.

　심한 고문을 하며 두 여자의 족친과 이웃들을 다그쳤지만 익명서를 붙였다고 자백하는 사람은 없었습니다. 그러자 연산군은 전향과 수근비의 부모와 형제에겐 장 100대를 치게 하고, 사촌들에겐 80대를 치게 했습니다. 그리고 전향과 수근비의 사지를 찢고 머리를 잘라 사람들이 볼 수 있도록 전시하게 했습니다. 또 전향과 수근비의 머리를 궁녀들로 하여금 강제로 보게 했고, 나중에 외딴 섬에 묻었습니다. 그곳에는 그들의 죄명을 새긴 돌을 세우도록 했습니다.

왕족과 연애한 사건, 홍수의 변

　복창군 이정, 복선군 이남, 복평군 이연 등은 모두 인조의 셋째 아들인 인평대군의 자식들인데 모두 '복' 자로 시작하는 호칭을 사용해 '삼복'이라고 불렸습니다.

　효종은 이들을 몹시 총애해 친아들처럼 대했고, 현종 또한 사촌을 형제처럼 대했습니다. 덕분에 세 형제는 어렵지 않게 궁궐을 출입할 수 있었고, 궁녀들과도 아주 친했지요. '홍수의 변'이란 삼복 형제들이 궁녀들과 연분을 맺고 급기야 그들을 임신시킨 사건을 말합니다.

　궁녀를 흔히 '홍수(紅袖)'라고 하는데, 홍수란 '붉은 옷소매'란 뜻입니다. 궁녀들 중에서 나인들은 옷소매 끝동에 자주색 물을, 상궁들은 남색 물을 들입니다. 그러므로 홍수란 자주색 물을 들인 젊은 나인들을 가리키지요. 그래서 삼복 형제들이 궁궐을 드나들면서 젊은 궁녀들을 건드려 임신시킨 사건을 '홍수의 변'이라고 했던 것입니다.

얼핏 보면 이 사건은 왕족이 궁녀와 연애한 단순한 사건처럼 보이지만, 사실은 정치적으로 매우 복잡하게 얽힌 당쟁의 하나였습니다. 또 서인과 남인 사이에 벌어진 처절한 권력 다툼의 한 장면이었습니다.

당시 숙종은 15세였고, 즉위한 지 불과 7개월이 되던 때였습니다. 왕이 14세라는 어린 나이에 즉위했는데도 수렴청정을 받지 않고 친정(왕이 직접 정사를 돌보는 것)을 했기에 모후(왕의 어머니) 명성왕후 김씨의 간섭이 심했습니다.

"주상은 아직 나이가 어려 정치를 잘 모르니, 웬만한 문제는 이 어미와 상의해야 할 것이오."

하지만 숙종은 그런 명성왕후의 간섭을 싫어했습니다.

숙종은 삼복 형제와 친했는데, 삼복 형제는 남인과 친했습니다. 그런 까닭에 서인이었던 외할아버지 김우명과 어머니 명성왕후는 삼복 형제를 좋아하지 않았지요. 그런데 숙종 1년(1675년) 3월 12일에 김우명이 차자(편지 양식의 상소문)를 올려 이렇게 말했습니다.

"전하, 지금 궁중에는 이상한 소문이 돌고 있습니다. 상업과 귀례라는 궁녀 두 명이 복평군과 복창군의 아이를 임신했다는 해괴한 소문이 있습니다. 전하께서는 그 진상을 조사하셔서 해괴한 소문의 진실을 밝혀 주소서."

제2장 인물과 사건으로 본 궁녀 이야기 89

김우명의 차자를 본 숙종은 즉시 영의정 허적을 불렀습니다.

"영의정은 복평군과 복창군이 나인들을 임신시켰다는 말을 들어 보았소?"

하지만 허적은 모르는 일이라고 했지요.

그러자 숙종이 이렇게 말했습니다.

"복창군과 복평군이 궁녀들에게 아이를 잉태시킨 것은 사실입니다. 하지만 이미 그 나인들은 궁궐에서 나간 사람들이오."

그러자 허적은 단호하게 이렇게 말했습니다.

"전하, 비록 나인들이 궁궐에서 나갔다고 해도 복창군 형제가 나인들을 임신시켰다면, 그것은 큰 죄입니다. 그들의 죄를 심문하도록 해 주십시오."

이렇게 해서 이튿날인 3월 12일에 죄인 4명을 심문하라는 정식 명령이 떨어졌습니다.

의금부에서 네 사람을 모두 심문했지만 아무도 시인하지 않았습니다. 그래서 관례에 따라 고문을 하고 심문할 것을 왕에게 청했는데, 숙종은 고개를 저으며 이렇게 명령했습니다.

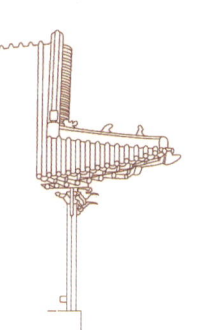

"내용이 애매한 사건이므로 모두 풀어 주시오."

하지만 사건은 그것으로 끝나지 않았습니다. 다음 날 3월 14일 밤에 숙종은 김우명을 비롯해 영의정 허적, 예조 판서 권대운, 판의금 장선징, 의금부 지사 유혁연, 병조 참판 신여철, 대사헌 김휘, 대사간 윤심, 부흥교 이하진, 오정위, 오시수, 김석주 등을 궁궐로 불렀습니다. 하지만 김우명은 나오지 않았고, 삼복 형제의 외가 쪽인 오정위와 오시수도 병을 핑계로 나오지 않았으며, 김우명의 조카 김석주도 나타나지 않았습니다.

신하들은 승지 정중휘의 인도로 야대청(신하가 밤에 임금을 만나는 곳)에 들어갔습니다. 그런데 대신들이 야대청 안으로 들어서자, 분위기가 약간 이상했습니다. 신하들이 모두 자리를 잡고 앉았을 때, 괴상하게도 문짝 안쪽에서 여인의 울음소리가 들리는 것이었습니다. 바로 명성왕후 김씨가 안쪽에 앉아 있었던 것입니다. 대신들을 부른 것은 임금이 아니라 대비였던 것이지요.

명성왕후의 울음소리를 듣고 대신들이 무슨 까닭인지 몰라 당황하자, 숙종이 말했습니다.

"짐이 내간(부녀자들이 거처하는 곳)의 일을 잘 모르므로, 자전(임금의 어머니)께서 복평 형제의 일을 말하시려고 여기에 나오셨소."

그러자 예조 판서 권대운이 말했다.

"이것은 상식에 어긋나는 일이시니, 신들은 입시(궁궐에 들어가 임금을 뵙는 일)하지 말아야 하겠습니다."

그리고 허적이 덧붙여 말했습니다.

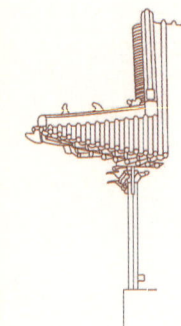

"자전께서 하교(임금이 내리는 명령)하시려는 일이라면 신들이 진실로 들어야 마땅하지만, 전하께서 안에 들어가셔서 울음을 그치시도록 청해 주십시오."

그렇게 말한 대신들은 아래에 앉아 있던 재상들 자리로 내려가 엎드린 채 기다렸습니다. 숙종이 문 안으로 들어가자 대비는 울음을 그치고 복창, 복평 형제와 상업과 귀례의 일을 늘어놓았습니다.

"대행대왕(현종)은 복창군 형제를 지극히 총애해 궁녀를 범한 죄가 있는데도 사실이 밝혀지면 그들이 죽을까 염려하여 고민하던 중에 미처 죄를 묻지 못하고 승하하셨습니다. 주상은 어려서 당시 일을 잘 모르면서 내가 복창군 형제를 모함한다고 생각하는데, 이는 참으로 억울한 일입니다."

영의정 허적과 신하들은 명성대비의 말을 듣고 네 사람을 법으로 다스리도록 하겠다는 약조를 하고, 승지 정중휘로 하여금 교지를 작성하도록 했습니다. 또한 대비에게 그들을 어떻게 처리하는 것이 좋겠냐고 물었지요. 대비는 그들을 먼 곳에 유배하는 게 옳겠다고 했습니다. 그리고 차마 죽게 하는 일은 할 수 없다는 말을 덧붙이지요. 그러나 대신들은 법에 따

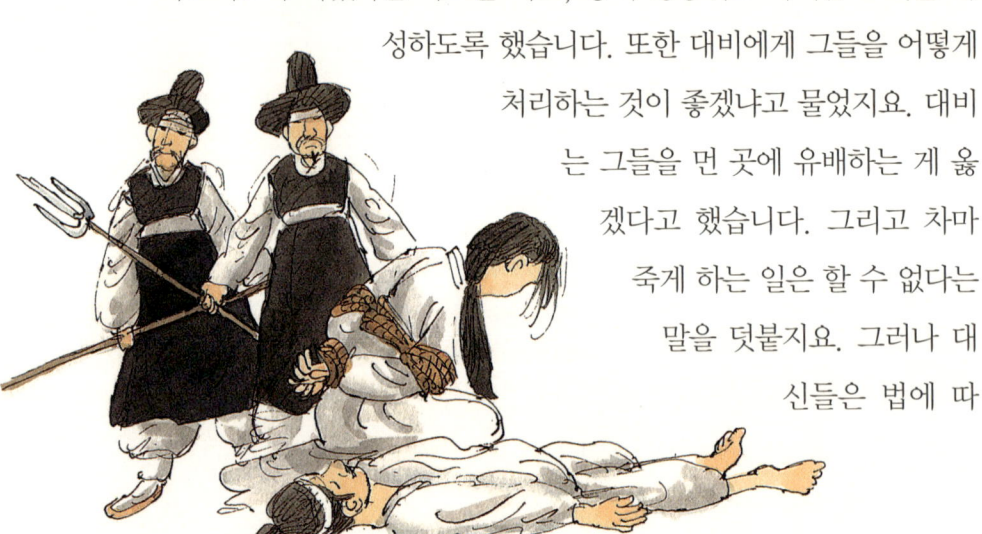

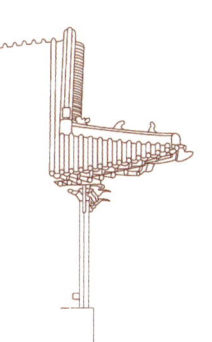

라 처리하면 사형시켜야 한다고 말하자, 숙종이 사형을 내리고 감면하여 유배하는 것이 어떻겠냐는 의견을 냈습니다.

그렇게 해서 다음 날인 3월 15일에 숙종은 복창군, 복평군, 김상업, 귀례 등에게 사형 대신 유배형을 내렸습니다. 의금부에서는 마땅히 사형해야 한다고 했지만, 숙종은 단호하게 유배형을 내렸습니다.

그로부터 보름 뒤, 남인을 지원하고 있던 부제학 홍우원이 이런 상소를 올렸습니다.

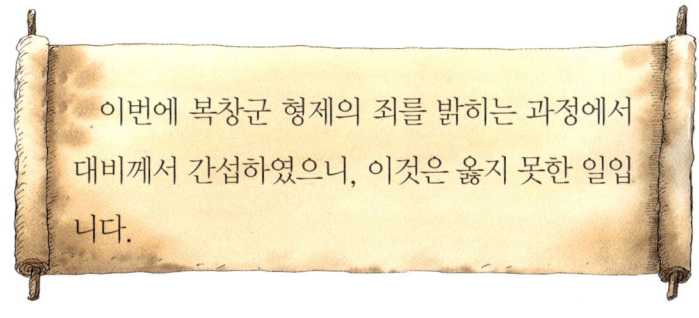

이번에 복창군 형제의 죄를 밝히는 과정에서 대비께서 간섭하였으니, 이것은 옳지 못한 일입니다.

이 상소가 있고 나서, 서인들이 명성대비를 옹호하며 남인들을 공격하기 시작했습니다. 남인과 서인 사이의 이 같은 논쟁은 여러 달 동안 이어졌는데, 숙종은 결국 남인의 손을 들어주었습니다. 그리고 그해 9월 16일에 복창군 이정과 복평군 이연을 풀어 주고 신분도 회복시켜 주라고 명령했습니다.

결국, '홍수의 변'은 남인들의 승리로 마감한 셈이지만, 복창 형제에 대한 서인들의 공격은 그것으로 끝나지 않았습니다.

1680년(숙종 6년) 4월, 김우명의 조카 김석주가 앞장서서 허적의 서자 허견에게 역모 혐의를 씌우고, 허견과 친분이 있던 복창군과 복선

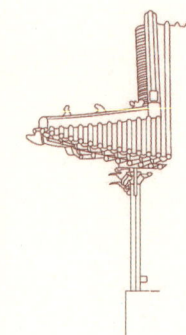

군을 역도의 우두머리로 몰았습니다. 이러한 서인의 반격은 결국 먹혀들었고, 허견은 능지처참형에 처해지고 복창군과 복선군은 교수형에 처해졌습니다. 또한 허견의 아버지 허적은 벼슬에서 쫓겨나 평민 신분으로 전락했고, 복평군은 형들의 죄에 연좌(가족의 죄로 무고하게 처벌 받는 일)되어 유배되었습니다. 남인이 정치적으로 크게 몰락한 것입니다.

광해군의 왕비를 살린 궁녀 한씨

1623년 3월, 인조가 반정을 일으켜 광해군을 내쫓고 왕위에 올랐습니다. 광해군은 반정이 일어나던 날 북문을 통해 궁궐 밖으로 달아났는데, 중전 유씨는 미처 피신을 하지 못했지요. 유씨는 뒤늦게 반란이 일어난 것을 알고 수십 명의 궁녀들과 함께 후원으로 가서 어수당에 몸을 숨겼습니다. 하지만 곧 수많은 군사들이 어수당을 몇 겹으로 포위해 버렸습니다. 중전 유씨는 꼼짝없이 갇혀 그곳에서 굶어 죽을 판이었습니다. 그렇게 갇힌 채로 이틀이 지나자, 중전 유씨가 궁녀들에게 말했습니다.

"내 어찌 숨어서 살기를 바라겠느냐? 너희들은 나가서 내가 여기에 있다고 군사들에게 알려라."

하지만 어떤 궁녀도 밖으로 나가려 하지 않았습니다. 잘못 나갔다가는 욕을 당하거나 죽임을 당할까 두려웠던 것입니다.

그때 한씨 성을 쓰는 궁녀 하나가 나섰습니다.

"마마, 제가 나가겠나이다."

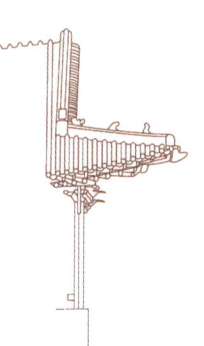

궁녀는 밖으로 나가 섬돌 위에 서서 이렇게 소리쳤습니다.

"중전께서 여기 계시옵니다."

그 소리를 듣고 군대를 이끌고 있던 대장이 일어나서 군사들을 뒤로 물리도록 했습니다.

그러자 궁녀가 중전을 대신해 대장에게 물었습니다.

"주상께서는 이미 나라를 잃으셨으니, 새로 주상이 된 분은 누구이십니까?"

"선조 대왕의 손자 되시는 분입니다."

대장은 그렇게만 말하고는 누구라고 이름을 밝히지는 못했습니다. 왕의 이름을 함부로 부를 수 없었기 때문이었지요.

한씨가 한동안 생각하다가 다시 물었습니다.

"오늘 이 계획은 종사를 위한 것이오, 아니면 부귀를 위한 것이오?"

대장이 다시 대답했습니다.

"종사가 망해 가는 까닭에 우리들이 어쩔 수 없이 상감을 받들어 반정을 한 것인데, 어찌 자신의 부귀를 위한 일이겠소?"

그러자 한씨가 말했습니다.

"의리로써 명분을 삼았다면, 어찌 전왕의 왕비를 굶어 죽게 할 수가 있소?"

대장이 그 말을 듣고 즉시 인조에게 보고해 먹을 것을 후하게 제공했다고 합니다.

이렇게 목숨을 건진 광해군의 왕비는 곧 유배길에 오르지만, 궁녀 한씨의 담대함 덕분에 굶어 죽는 비극은 면할 수 있었답니다.

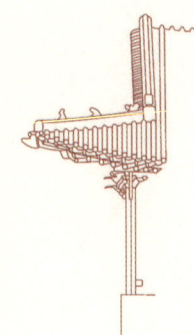

왕의 어머니가 된 궁녀들

왕의 생모였던 후궁들의 사당

경복궁 북쪽의 서울 종로구 궁정동에는 '칠궁(七宮)'이라는 사당이 있습니다. 칠궁은 청와대 구역 안에 있었기 때문에, 오랫동안 사람들에게 공개되지 않았습니다. 지금은 청와대 관람객들이 거치는 마지막 관광 코스가 된 덕분에 일반인들도 가서 볼 수 있지만, 청와대를 늘 개방하는 것이 아니기 때문에 여전히 찾아보기 힘든 곳이지요.

칠궁은 2만 7,150제곱미터에 마련된 사당입니다. 이곳에는 왕비는 아니었지만 왕의 생모였던 일곱 후궁들의 신위가 모셔져 있습니다. 원래 이곳은 영조의 생모인 숙빈 최씨의 신위를 모셔 놓고 '숙빈묘'라고 부르다가 그 뒤에 '육상묘'로 바꾸었습니다. 그리고 1753년에 육상궁으로 개칭했습니다. 하지만 고종 대인 1882년에 육상궁이 불타 1883년에 다시 지어졌고, 1908년에는 저경궁, 대빈궁, 연우궁, 선희궁, 경우궁 등 다섯 묘궁을 옮겨와 '육궁'이라 불렀습니다. 그리고

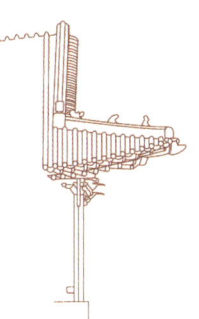

1929년에는 덕안궁도 옮겨와 '칠궁'이라고 부르게 된 것입니다. 칠궁에는 이렇게 왕을 낳은 후궁 7명의 묘궁이 있는데, 이들 중에

칠궁이란?

저경궁은 추존된 왕인 인조의 아버지 원종(정원군)의 생모 인빈 김씨의 묘궁이고, 대빈궁은 경종의 어머니 희빈 장씨의 묘궁이며, 연우궁은 추존된 왕인 진종(효장세자)의 생모 정빈 이씨의 묘궁입니다. 또 선희궁은 장조(사도세자)의 생모 영빈 이씨의 묘궁이고, 경우궁은 순조의 생모 수빈 박씨의 묘궁이며, 덕안궁은 영친왕의 생모 순헌황귀비 엄씨의 묘궁입니다.

칠궁 전경
조선의 왕을 낳은 생모이지만 왕비에 오르지 못한 후궁 7명의 신위가 이곳에 모셔져 있다.

연우궁
영조의 후궁이며, 효장세자의 친어머니인 정빈 이씨의 신궁이다.

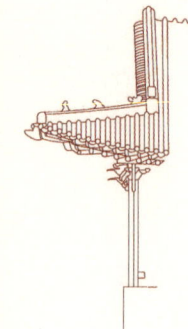

서 순조의 생모 수빈 박씨를 제외한 6명은 궁녀 출신이었습니다.

이 중에서 궁녀로서 최고의 자리에 오른 후궁은 영친왕의 생모이자 고종의 계비인 순헌황귀비 엄씨입니다. 그 다음으로는 경종의 어머니 희빈 장씨입니다. 그녀는 한때 왕비의 자리에도 올랐지요. 나머지 4명은 왕비가 되지 못했지만, 왕의 생모로서 다른 후궁들과 다른 대접을 받았습니다.

어쨌든 이들 6명은 궁녀로 입궐해 임금의 승은을 입고 아들을 낳았으며, 그 아들이 왕위에 오르거나 왕으로 추존되는 영광을 맛보았습니다. 궁녀로서는 그야말로 특별한 삶을 살며 온갖 부귀와 영예를 누린 여인들이었지요. 그런 까닭에 간략하게나마 6명의 삶을 살펴보도록 할게요.

인조의 할머니, 인빈 김씨

저경궁은 궁성 남부 회현방 송현(지금의 서울 중구 남대문로 3가)에 있던 건물인데, 원래 이름은 '송현궁'이었습니다. 이곳은 인조의 친아버지 원종의 집이었으며, 인조가 왕위에 오르기 전까지 이곳에 살았습니다. 그러나 1755년에 원종의 친어머니인 인빈 김씨의 신위를 봉안하고 사당이 되면서 저경궁으로 고쳐졌지요. 그 후 1908년에 인빈 김씨의 신위를 육상궁에 옮겨 모시면서 사당의 기능은 사라졌습니다.

이 건물은 1927년까지 보존되다가 그 자리에 경성치과의학전문대학교를 지으면서 철거되었습니다. 철거할 당시에 궁의 정문과 하마비(조선 시대에 그 앞을 지날 때 말에서 내리라는 뜻을 새겨 세웠던 비석)는 조선

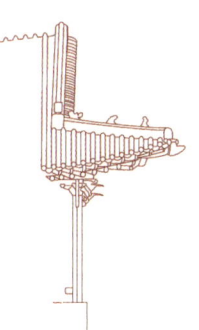

저경궁
선조의 후궁이며 추존 왕 원종의 친어머니인 인빈 김씨의 신궁이다.

은행(한국은행) 뒤뜰에 옮겨져 보존되었지만 1933년에 정문이 철거되었습니다. 그리고 하마비는 서울대학교 치과대학에 옮겨져 보관되고 있습니다.

저경궁에 봉안된 인빈 김씨는 인조의 아버지 원종의 친어머니이며, 선조의 후궁입니다. 인빈 김씨는 1560년에 김한우의 딸로 태어났으며, 어린 나이에 궁궐에 들어왔다가 선조의 승은을 입고 후궁이 되었습니다.

인빈 김씨가 승은을 입을 당시에 선조의 총애를 한 몸에 받고 있던 후궁은 공빈 김씨였습니다. 공빈은 광해군의 친어머니로서 광해군이 쫓겨나지만 않았다면 칠궁의 후궁들처럼 묘궁에 봉안되었을 여인입니다.

공빈이 선조의 총애를 받고 있던 때에는 다른 후궁들은 왕에게 접근조차 하기 힘들었습니다. 선조의 왕비 의인왕후 박씨가 아이를 낳지 못한 까닭에, 선조의 장남 임해군을 낳은 공빈의 위세는 하늘을 찌

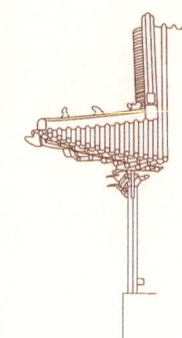

를 듯했지요. 그리고 그 위세 앞에 다른 후궁들은 몸을 사려야 했지요. 하지만 인빈 김씨는 그런 와중에도 공빈의 눈을 피해 선조의 사랑을 받았습니다. 그 때문에 공빈은 당시 소용 벼슬에 있던 인빈 김씨를 을 가리켜 '나를 원수로 여기는 사람이 있는데, 그 사람은 내 신발을 훔쳐가 저주하고 있다.' 는 말을 하기도 했습니다.

 이렇게 공빈은 인빈 김씨를 극도로 미워했지만, 1577년에 병에 걸려 죽고 말았습니다. 공빈이 죽은 뒤에는 인빈 김씨가 선조의 사랑을 독차지했고, 선조의 후궁 중에 가장 많은 자식을 낳았습니다. 인빈 김씨는 의안군, 신성군, 정원군, 의창군 등 네 명의 아들과 정신, 정혜, 정숙, 정안, 정휘 등 다섯 명의 옹주를 낳았습니다. 이 중에서 의안군은 일찍 죽었고 신성군은 세자에 책봉될 뻔도 했지만, 임진왜란 중인 1592년 11월에 의주에서 병을 얻어 죽었습니다.

 신성군은 인빈 김씨가 선조의 사랑을 독차지하고 있을 때 태어나 특별히 부왕의 사랑을 받았습니다. 당시 '정여립의 난' (정여립이 왕위 찬탈을 하기 위해 일으킨 난)에 대한 여파로 서인들이 정권을 장악하자, 동인 이산해는 인빈 김씨의 오빠 김공량과 결탁해 신성군을 세자로 세우려고 계략을 꾸몄습니다. 당시 선조가 인빈 김씨를 아주 총애하고 있었기 때문에 그들의 계획이 전혀 무리한 것도 아니었지요.

 그러나 그런 사실도 모르고 서인의 우두머리 정철은 1591년에 동인 유성룡의 꾀임에 말려들어 선조에게 세자를 세울 것을 주청했습니다. 당시 정철이 세자로 지목하고 있던 왕자는 공빈의 둘째 아들 광해군이었습니다.

그 무렵, 이산해는 서인과의 약속을 어기고 세자 문제를 거론하는 자리에 나오지 않았고, 김공량에게 '정철이 광해군을 세자로 세울 것을 청하고 이어서 신성군 모자를 없애려 한다.'는 거짓말을 꾸며 전했습니다. 인빈 김씨는 오라버니에게 그 소리를 듣자 선조에게 고했습니다. 선조가 그 일로 분개하고 있을 때, 정철이 경연장에서 세자를 세우라고 간했습니다.

그러자 선조는 분통을 터뜨리며 이렇게 말했습니다.

"내가 지금 이렇게 살아 있는데, 경이 세자 세우기를 주청하니 어쩌자는 것인가?"

이 일로 정철은 선조의 미움을 받아 파직되어 유배되었습니다. 선조는 겉으론 기축옥사(정여립의 난)에 대해서 정철이 함부로 처리했다는 구실을 붙였지만, 세자를 세우는 문제 때문에 화가 나서 분풀이 차원으로 그를 파직시켰던 것입니다.

그런 상황에서 임진왜란이 일어났고, 세자를 세우는 문제는 시급해졌습니다. 선조는 내심 신성군을 세자로 세우려 했지만, 광해군이 신하들의 지지를 받고 있었지요. 그러나 세자 책봉 문제는 결국 왕이 결정하게 마련이었고, 선조는 신성군을 세자로 세우려 했습니다. 하지만 신성군이 갑자기 병에 걸려 죽자, 세자 자리는 광해군에게 돌아갔지요.

신성군이 세자에 올랐다면 인빈 김씨는 왕비도 부럽지 않는 권력을 잡았을 것입니다. 하지만 자식이 세자가 되지 못하자, 그녀는 그동안 미워했던 광해군과 임해군에 대한 태도를 바꿨습니다. 공빈에 대한

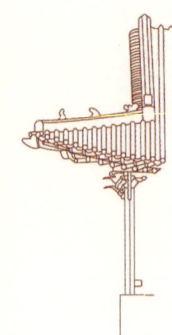

증오심을 두 형제에게도 여지없이 드러냈던 인빈 김씨는 광해군이 세자가 되자, 광해군을 지지하는 말을 하기도 하고, 광해군이 난처한 처지에 빠졌을 땐 나서서 도움을 주었습니다. 이는 광해군이 왕이 된 뒤에 자신의 자식들을 죽일까 봐 염려했기 때문이었습니다.

광해군은 그런 인빈 김씨를 좋게 생각했고, 왕이 된 뒤에는 서모 덕분에 왕위에 올랐다는 말을 하기도 했습니다. 하지만 그녀와 광해군의 악연은 이것으로 끝나지 않았습니다.

인빈 김씨는 광해군 재위 기간인 1613년에 죽었는데, 그녀가 죽은 뒤에 그녀의 무덤에 왕기가 서렸다는 말이 돌자, 광해군은 인빈의 자손들을 극도로 경계했습니다. 그리고 결국 인빈의 손자인 능창군이 신경희의 옥사와 연루되어 죽는 결과를 낳았습니다.

능창군이 죽은 1615년으로부터 8년이 지난 1623년에 능창군의 형 능양군이 마침내 반정을 일으켜 왕위에 오르는데, 그 왕이 바로 인조였습니다. 인조가 왕위에 오른 뒤에 인조의 아버지 정원군은 원종으로 추존(죽은 뒤에 왕위에 올리는 것)되었고, 덕분에 인빈 김씨는 왕의 친어머니가 되어 저경궁에 묘궁이 따로 마련된 것입니다. 살아서 왕의 어머니가 되고 싶어 했던 그녀는 무덤 속에서 비로소 소원을 이룬 것입니다.

경종의 어머니, 후궁 장씨

한낱 궁녀의 신분으로 조선 역사상 유일하게 왕비에 올랐던 장 희빈은 1659년에 태어났습니다. 장 희빈의 본관은 인동이고, 이름은 옥

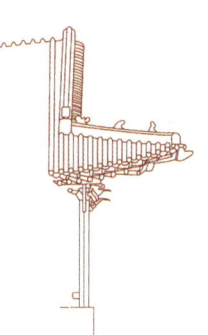

정입니다. 아버지 장경은 중인 계급으로서 사역원의 역관이었으며 정9품 부봉사였습니다. 장 희빈은 2남 2녀 중 막내로 태어났습니다. 아버지는 장옥정이 어릴 때 죽었는데, 그런 탓에 옥정은 당숙인 장현의 집에서 지내야 했습니다. 때문에 실록에는 옥정을 장현의 종질녀라고만 기록하고 있습니다.

장현은 당시에 손꼽히는 큰 부자였는데 신분도 역관이었습니다. 조선 시대나 요즘이나 정치는 사람을 부리고 물품을 필요로 하는 일이기 때문에 늘 돈이 필요했지요. 그런 까닭에 부자들은 시대를 막론하고 정치에 큰 영향을 끼칠 수밖에 없었습니다.

장현이 돈을 대고 있던 세력은 서인과 다투고 있던 남인이었습니다. 그러나 남인을 밀었던 장현은 1680년에 남인이 물러나면서 함경도에 유배되고 말았지요. 이때 옥정의 나이는 22세였습니다. 당시에는 늦어도 17세 이전에 궁궐에 들어가야만 궁녀가 될 수 있었기 때문에, 장현이 유배되었을 때 옥정은 이미 5년 넘게 궁녀로 살고 있어야만 했습니다.

하지만 1686년에 그녀는 28세라는 늦은 나이에 숙종의 관심을 끌어 숙종의 후궁이 되었지요. 그리고 2년 뒤인 1688년에 30세의 나이에 왕자 윤(경종)을 낳아 정2품 소의에 책봉되었습니다.

숙종에겐 여러 왕비가 있었으나 첫 왕비 인경왕후는 딸만 둘 낳고 일찍 죽었으며, 둘째 왕비 인현왕후는 1681년에 15세로 숙종의 계비(두 번째 왕비)가 되었지만 왕비가 된 지 7년이 지났는데도 아이를 낳지 못했습니다. 그런 상황에서 옥정이 아이를 낳았으니, 숙종의 사랑이

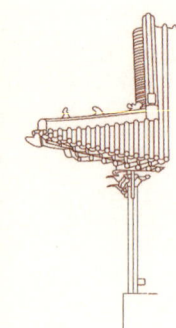

옥정에게 쏠릴 수밖에 없었지요.

이런 상황은 정권을 잃었던 남인에게는 절호의 기회였습니다. 남인의 뒤를 밀던 장현의 종질녀가 왕자를 낳았으니, 그야말로 천군만마를 얻은 격이었지요. 더구나 숙종은 재위 14년 만에 얻은 아들을 태어난 지 두 달 만에 원자로 삼았습니다. 원자란 원래 왕비에게서 태어난 적장자를 가리키는 말인데, 아들을 기다리고 있던 숙종은 옥정의 아들 윤을 적장자로 삼아 버린 것이었지요. 그리고 옥정을 정1품 빈에 봉하고, 희빈의 봉호를 내렸습니다.

원자는 곧 세자의 전 단계이기 때문에 옥정의 아들이 인현왕후의 양자가 되어 세자가 된다는 뜻이었지요. 이것은 바로 남인의 세력 확대를 의미했고, 위기를 느낀 서인으로서는 반발할 수밖에 없었습니다. 그러나 숙종은 왕자 윤이 3세가 되자 서둘러 세자에 책봉해 버렸습니다.

서인들은 목숨을 걸고 반대했습니다. 그러자 숙종은 서인의 우두머리 송시열과 김수항을 유배 보내 죽이고, 소론 세력도 대거 숙청한 뒤 남인에게 정권을 줬습니다. 그리고 숙종은 서인 집안 출신인 인현왕후도 그냥 두지 않았습니다. 1689년 5월, 숙종은 인현왕후를 폐위하고 희빈 장씨를 왕비로 삼아 버렸지요. 조선 왕조 개국 이후 처음으로 궁녀 출신이 왕비가 된 엄청난 사건이었습니다.

그런데 남인 정권이 오랫동안 지속되자, 숙

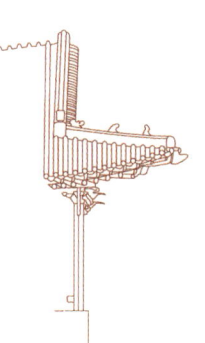

종은 남인 세력이 확대되는 것을 막기 위해 애태우며 고민하게 됩니다. 그런 마음을 읽은 서인의 소론 김춘택 등이 인현왕후 복위운동을 전개하지요. 그러자 남인의 우두머리인 민암이 이 문제를 기회로 수십 명의 서인들을 탄핵해 감옥에 가두는데, 숙종은 오히려 민암이 서인에게 가혹한 처분을 내렸다고 하면서 오히려 민암을 관직에서 물러나게 하고 죽이는 한편, 남인의 핵심 세력을 모두 유배했습니다. 그리고 김춘택 등의 소론 세력의 주장대로 인현왕후를 복위시켰습니다. 숙종 특유의 환국정치(때에 따라 상황을 바꾸는 정치)에 의해 다시 서인 세력이 조정을 거머쥔 것입니다.

인현왕후가 복위되면서 장옥정은 다시 빈으로 낮아졌습니다. 당시 숙종은 무수리 출신 후궁 하나를 총애하고 있었는데, 바로 영조의 어머니 숙빈 최씨였습니다.

비록 빈으로 낮아지긴 했지만, 장옥정의 존재는 서인 세력에게 큰 위협이었습니다. 그녀의 아들 윤이 세자였고, 윤이 즉위하면 다시 장옥정이 힘을 쓸 수 있었기 때문입니다. 장옥정은 남인 세력이었기 때문에 서인으로서는 어떻게 해서든 장옥정을 제거하는 것이 아주 급했습니다.

그렇게 7년이 흐른 1701년, 한때 폐비되어 크게 마음고생을 했던 인현왕후가 죽고 말았습니다. 인현왕후의 죽음은 곧 장옥정이 다시 왕비가 된다는 의미였고, 남인이 세력을 얻게 될 상황이었지요. 때문에 서인들은 목숨을 걸고 장옥정을 없애야만 했습니다.

서인들이 장옥정을 제거하기 위해 접근한 인물은 당시 숙종의 총애

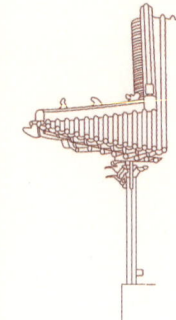

를 받고 있던 숙빈 최씨였습니다. 무수리 출신인 그녀에게는 8세의 아들 연잉군(훗날의 영조)이 있었는데, 서인들은 장옥정과 남인 세력의 재집권을 막기 위해 연잉군을 지지했습니다. 숙빈 최씨 역시 아들을 위해 서인들의 입장과 같을 수밖에 없었고, 급기야 장옥정을 제거하는 칼을 스스로 뽑았던 것이지요.

당시 장옥정은 궁궐에 무당을 불러들여 굿을 하고 자기 거처인 취선당 서쪽에 신당을 설치해 놓았습니다. 숙빈 최씨는 숙종에게 그 신당은 장희빈이 인현왕후를 빨리 죽게 하기 위해 저주를 하는 곳이라고 고했습니다. 숙종은 분노해 신당을 조사하도록 했지요. 숙빈의 말대로 신당에서 인현왕후를 저주하는 글이 발견되었습니다.

이 일로 숙종은 희빈 장씨와 그녀의 오빠 장희재, 그 일과 관련된 궁녀들과 무녀를 모두 죽였습니다. 궁녀에서 후궁 생활을 거쳐 수많은 일화를 남기며 숙종의 총애를 받았던 그녀는 숙종이 내린 사약으로 생을 마감했던 것이지요. 이때 그녀의 나이 43세였습니다.

대빈묘
숙종의 후궁이자, 20대 경종의 친어머니인 희빈 장씨의 묘이다.

희빈 장씨의 소생으로는 경종과 일찍 죽은 아들 성수가 있고, 그녀의 무덤은 경기도 고양시 용두동 서오릉에 있습니다.

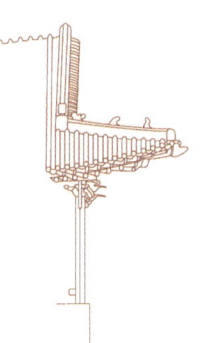

영조의 어머니, 숙빈 최씨

육상궁은 1725년에 만들어졌는데, 처음에는 '숙빈묘'라고 부르다가 1744년(영조 20년)에 '육상묘'로 칭호가 바뀌었고 1753년에 육상궁으로 승격되었습니다. 육상궁은 칠궁 안에 있으며, 지금의 건물은 1882년에 화재로 소실된 뒤에 다시 지어진 것입니다. 육상궁은 정면 3칸, 측면 3칸의 겹처마 맞배지붕으로 된 묘당을 중심으로 앞쪽에 동서각이 서로 마주보고 있으며, 네모로 된 곡담이 건물을 둘러싸고 있습니다.

육상궁에 봉안된 숙빈 최씨는 영조의 친어머니이며, 숙종의 후궁이었습니다. 그녀는 1670년에 최효원의 딸로 태어났는데, 궁궐에서 물을 길어 나르는 무수리 출신으로 알려져 있습니다. 하지만 고종이 왕

육상궁 현판
숙종의 후궁이며 영조의 친어머니인 숙빈 최씨의 신궁의 현판이다.

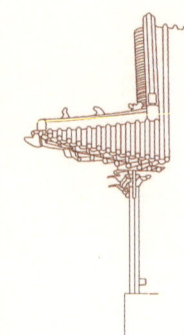

실 내부에서 전해 오는 말을 듣고 궁녀들에게 밝힌 내용으로는, 영조가 자신의 어머니는 무수리가 아니라 침방의 나인이었다고 말했다고 합니다. 물론 이것은 영조의 말인지 고종의 말인지 분명치 않습니다. 아마 왕실에서는 숙빈 최씨가 무수리 출신이었다는 사실을 부인하고 싶었을 것입니다.

조선 시대의 무수리 중에는 결혼한 여성들이 많았습니다. 무수리들은 출퇴근을 했기 때문에 궁궐 안에 갇혀 사는 처지가 아니었지요. 그러므로 최씨가 무수리가 아니었다는 영조의 말에도 일리가 있습니다. 하지만 무수리 중에는 여관이나 비자처럼 궁궐에서 생활하는 여인들도 있었습니다. 이런 무수리들은 어린 시절에 궁에 들어와 비자들과 함께 지냈고, 신분도 비자와 비슷했습니다. 또한 그들은 꼭 무수리 일만 하는 것이 아니라 이곳저곳 불려 다니면서 여관들이 시키는 일들을 했습니다. 무수리를 궁녀로 취급하는 이유도 바로 이들 때문입니다. 이런 무수리들은 출궁을 해도 다른 궁녀와 마찬가지로 결혼을 할 수 없었습니다. 아마도 숙빈 최씨는 궁중 생활을 하던 이런 부류의 무수리가 아니었나 싶습니다.

어쨌든 무수리였던 최씨는 숙종의 눈에 띄어 승은을 입었습니다. 어떤 경로로 그녀가 숙종의 눈에 들었는지는 알 수 없지만 조선 역사상 궁궐의 천비가 후궁이 된 예는 처음이었습니다. 궁녀 출신인 희빈 장씨를 왕비에 앉힌 것이나 무수리 출신을 후궁으로 삼은 것이나 모두 숙종만이 했던 일입니다. 이런 면에서 보자면 숙종은 참으로 독특

한 여성관을 가졌던 왕이지요. 연산군도 천비 출신이자 기생 신분이었던 장녹수를 후궁으로 받아들였지요. 그것도 결혼을 여러 번 하고 자식까지 있던 여인을 말입니다. 그러므로 여성관의 측면에서 보자면 숙종과 연산군은 다소 닮은 것 같습니다.

최씨가 언제 숙종의 승은을 입었는지는 정확하지 않습니다. 다만 숙종 19년(1693년) 4월 26일에 그녀가 숙원에 책봉된 것으로 봐서, 승은을 입은 것은 1692년 말이나 1693년 초였을 것입니다. 말하자면 한겨울에 꽁꽁 언 손을 비비며 물을 길어 나르던 그녀를 숙종이 애처롭게 여기고 품어 주었다는 뜻입니다. 그녀가 숙원에 책봉된 것은 임신했기 때문이었는데, 이때 뱃속에 있던 아이는 영조의 동복형인 영수였습니다.

영수는 1693년 10월 6일에 태어났지만 두 달 남짓 살다가 그해 12월 13일에 죽고 말았지요. 최씨는 첫 아이의 죽음을 슬퍼할 겨를도 없이 금방 둘째 아이를 가졌습니다. 둘째 아이를 임신한 1694년 6월 2일에 그녀는 숙원에서 숙의로 높아졌습니다. 종4품에서 종2품으로 승격된 것입니다. 그런데 실록에는 최씨가 영수를 낳았을 때 '소의 최씨가 왕자를 낳았다.'고 나와 있지만, 이것은 잘못된 것입니다. 당시 그녀의 벼슬은 숙원이었고, 둘째를 임신한 뒤에 소의보다 하나 아래인 숙의로 승격되었으니까요.

이때 궁궐에 엄청난 변화가 있었습니다. 1689년에 쫓겨났던 인현왕후 민씨가 5년 만에 다시 왕

소령원
숙종의 후궁이며 영조의 친어머니인 숙빈 최씨의 묘소이다.

비 자리에 앉은 것입니다. 민씨의 복위는 최씨가 숙의로 되기 두 달 전인 그해 4월에 이뤄졌습니다. 민씨의 복위는 최씨에게 천군만마를 얻은 것과 같았습니다.

최씨는 승은을 입고 난 뒤 당시 왕비이자 세자의 어머니였던 희빈 장씨로부터 엄청난 감시와 질시를 받고 있었습니다. 최씨가 원래부터 인현왕후 편에 선 사람이었기 때문입니다. 그러나 다행스럽게도 그때 숙종의 마음을 사로잡고 있던 사람은 최씨였습니다.

숙종은 최씨가 첫 아이를 낳은 뒤부터 장 희빈으로부터 점점 멀어졌습니다. 그 때문에 장 희빈이 최씨를 괴롭히자, 숙종은 장 희빈을 더욱 차갑게 대했지요. 그리고 급기야 장 희빈을 왕비에서 내쫓고 빈으로 강등시켜 버렸습니다.

영조
영조가 즉위하기 전, 연잉군 시절의 초상화이다.

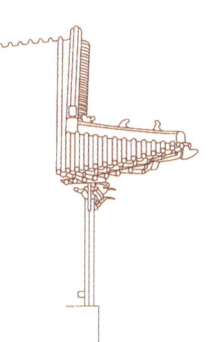

　최씨는 원래 상전이었던 민씨를 몹시 따랐고, 민씨 또한 아들이 없어 숙종의 관심을 받지 못하고 있었기 때문에 두 번째 아이를 임신하고 있던 최씨를 자기 편으로 둔 게 행운이었습니다.

　최씨가 임신한 둘째 아이도 아들이었습니다. 아이는 1694년 9월 20일에 태어났는데, 이름을 '금(昑)'이라 하고 연잉군이라 불렀습니다. 바로 그가 훗날의 영조랍니다.

　영조를 낳은 이듬해 6월 8일에 그녀는 귀인으로 승격되었습니다. 이때부터 최씨는 장 희빈과 힘겨운 세력 다툼을 벌여야 했습니다. 서인들이 노골적으로 연잉군을 지지하면서부터 장 희빈은 자칫 아들 윤이 세자 자리에서 내쫓길까 노심초사했습니다. 그 때문에 장 희빈은 최씨와 인현왕후를 노골적으로 미워했습니다.

　그렇듯 장 희빈과 힘 겨루기를 하고 있던 최씨는 또다시 아이를 가졌습니다. 이번에도 왕자였지요. 셋째 아들은 1698년 7월에 태어났지만 불행히도 태어나자마자 죽고 말았습니다.

　이듬해 숙종은 왕자 금을 연잉군으로 책봉하고, 최씨를 빈으로 높여 '숙빈'이라고 부르게 했습니다. 이때 왕실에선 단종을 복위시켰고, 그 일을 축하하는 뜻으로 후궁들의 벼슬을 한 단계씩 올려 주었습니다. 이로써 최씨는 장 희빈과 같은 급의 후궁이 되었습니다.

　그로부터 2년 뒤인 1701년 8월 14일, 최씨의 든든한 후원자였던 인현왕후 민씨가 오랜 병마에 시달린 끝에 죽고 말았습니다. 최씨로서는 앞으로 자신의 목숨을 보장 받을 수 없는 처지가 되었습니다. 만약 장 희빈이 다시 왕비로 복위한다면 그녀는 그야말로 죽은 목숨이었으

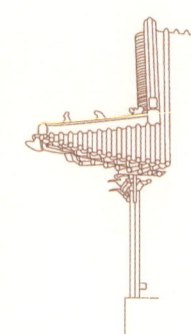

니까요. 장 희빈의 아들 세자 윤이 왕위를 잇게 되면 그녀뿐 아니라 아들 금도 무사하지 못할 터였습니다.

급박한 처지에 놓인 숙빈은 살아남기 위해 먼저 공격을 했습니다. 당시 취선당에 머물러 있던 희빈 장씨는 곧잘 무당을 불러 굿을 했는데, 최씨는 희빈의 그런 행동이 인현왕후 민씨를 저주해 죽이기 위한 것이라고 숙종에게 고해바쳤습니다.

그 말을 들은 숙종은 즉각 취선당의 궁녀와 장 희빈 사가의 여종들을 잡아들여 국문했고, 결국 장 희빈을 죽이게 됩니다. 장 희빈에게 사약을 내리는 일을 놓고 조정에서는 치열한 입씨름이 벌어졌지만, 숙종은 기어코 장 희빈을 죽이고 말았습니다. 숙빈 최씨와의 싸움에서 장 희빈이 처참하게 패배하는 순간이었지요.

숙빈 최씨는 장 희빈이 죽은 뒤에 이현궁에 살았습니다. 이현궁은 원래 광해군의 잠저(왕세자가 되지 않고 왕이 되었을 경우에 전에 살던 사가)로 인조반정 뒤에는 원종의 비인 연주부부인 구씨(인헌왕후)가 머물렀고, 병자호란 뒤에는 인조의 아우인 능원대군이 머물렀던 곳입니다.

효종과 인선왕후의 가례가 치러졌을 만큼 이곳은 넓고 잘 가꿔진 저택이었습니다. 그리고 숙종 대에 숙빈 최씨에게 내려졌다가 1711년에 연잉군이 독립해 저택을 얻으면서 숙빈 최씨가 연잉군 집으로 옮겨 가고, 이현궁은 국가에 환수되었습니다. 숙종은 이현궁이 너무 넓고 화려해 후궁이 혼자 쓰기엔 너무 지나치다고 판단해 환수한다고 밝혔습니다.

숙빈 최씨는 이후로 연잉군과 함께 7년을 살다가 1718년(숙종 44년) 3월 9일에 49세로 생을 마쳤습니다. 무덤은 경기도 파주 광탄에 마련되었습니다.

영조가 왕위에 오른 뒤 그녀의 묘를 격상시켜 '소령원'이라 했고, 영조 만년에 전국의 유생들이 소령원을 능으로 격상시켜야 한다고 떠들었으나, 영조는 그들의 말이 모두 벼슬을 얻기 위한 아부라고 하며 끝내 능으로 격상시키지 않았습니다.

영조가 왕위에 오른 뒤에 최씨의 아버지 최효원은 영의정에 추증(종2품 이상 벼슬아치의 죽은 아버지와 할아버지에게 벼슬을 주는 것)되었고, 또 최효원의 아버지 최태일과 조부 최말정의 벼슬이 추증되었습니다. 정조 대에는 최효원의 손자 최진형과 증손자 최조악, 최경악, 최정악 등은 모두 등용되어 벼슬을 얻었습니다.

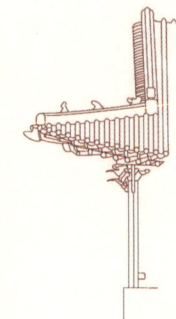

정조의 양할머니, 정빈 이씨

정빈 이씨는 영조가 세제(왕위를 이어받을 왕의 아우) 시절에 얻은 후궁입니다. 하지만 그녀는 영조가 왕위에 오르기 전에 죽고 말았습니다. 죽을 당시에 소원 벼슬을 얻었으나, 영조가 왕위에 오른 뒤에 그녀의 아들이 세자에 책봉되어 정빈으로 추증되었답니다.

정빈 이씨가 낳은 왕자의 이름은 '행'인데, 세자에 올랐지만 영조 4년에 죽었습니다. 그가 곧 효장세자인데, 후에 정조가 그의 양자로 입적(호적에 오르는 일)되어 왕위에 오른 덕에 진종으로 추존되었지요.

동궁의 나인이었던 정빈 이씨가 언제 세제였던 영조의 승은을 입었는지는 분명치 않습니다. 다만 효장세자의 생일이 숙종 45년인 1719년 2월 15일이므로, 아마 1718년 여름쯤에 승은을 입었다고 보입니다. 하지만 그녀가 언제 죽었는지는 기록되지 않았습니다. 또 그녀의 묘궁인 연우궁이 언제 마련되었는지도 기록되지 않았습니다. 다만 정조 대에 왕이 연우궁, 육상궁, 희궁을 함께 배알(지위가 높거나 존경하는

연우궁
영조의 후궁이며, 추존왕 진종(효장세자)의 친어머니인 정빈 이씨의 신궁이다.

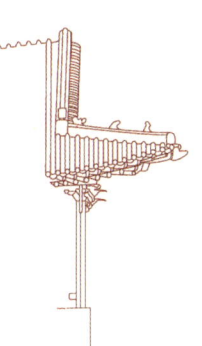

사람을 찾아가 뵈는 일)했다는 기록만 남아 있습니다. 그녀의 소생으로는 효장세자 외에 영조의 서장녀인 화순옹주가 있습니다.

정조의 친할머니, 영빈 이씨

선희궁은 영조의 후궁이며 사도세자의 친어머니인 영빈 이씨의 신위가 모셔진 묘궁입니다. 원래는 한성의 북부 순화방(지금의 서울 종로구 신교동 농아학교 부근)에 세워졌습니다. 영빈 이씨의 묘호는 원래 '의열묘'였는데, 1788년(정조 12년)에 '선희궁'으로 고쳐져 격상되었습니다. 이씨의 신위는 1870년에 육상궁으로 옮겨 봉안되었다가 1896년에 다시 선희궁으로 옮겨졌습니다.

그녀의 신위가 다시 선희궁으로 모셔진 데에는 순헌엄귀비와 관계가 있습니다. 당시 엄귀비는 영친왕을 임신하고 꿈을 꾸었는데, 영빈 이씨가 나타나 폐쇄시킨 자신의 사당을 다시 지어 달라고 간청했다고 합니다. 영친왕을 낳은 뒤에 고종에게 그 말을 전하자, 고종이 사당을 새로 지어 그녀의 신위를 환수했다고 합니다. 그러나 그녀의 신위는 1908년에 다시 육상궁으로 옮겨졌습니다.

선희궁이 있던 자리엔 지금은 정면 3칸, 측면 2칸의 단층 맞배기와 지붕의 목조 건물이 남아 있으며, 서울특별시 유형문화재 제32호로 지정되어 관리되고 있습니다. 그러나 많은 부분이 훼손되었고, 주변에는 석물들만 몇 점 남아 있습니다.

선희궁에 봉안된 영빈 이씨는 자신이 낳은 자식을 죽이라고 한 비정한 어머니로 알려져 있습니다. 그녀가 후궁의 반열에 오른 것은 영

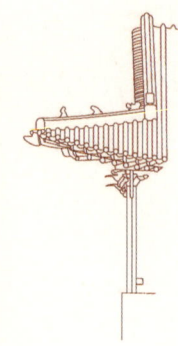

조 2년(1726년) 11월 16일입니다. 영조는 원래 정비였던 정성왕후 서씨를 좋아하지 않아 후궁들에게 각별한 애정을 가졌습니다. 하지만 효장세자를 낳은 정빈 이씨가 죽고 경종이 죽는 바람에 국상을 치러야 했던 그는 은밀히 사랑하는 나인과 만났습니다. 그리고 경종의 삼년상이 끝난 지 겨우 3개월 만에 그 나인을 후궁으로 삼았는데, 그녀가 바로 영빈 이씨입니다.

이 일을 두고 대신 이병태는 후궁을 봉하는 일에 보다 신중하게 하기를 요청하며 이렇게 아뢰었습니다.

"신이 듣건대, 안빈 이씨는 옹주를 낳은 지 7년 만에야 안빈으로 봉했다고 했습니다. 이번에 전하께서 새로 후궁으로 봉하셨는데, 이미 이뤄진 일이라서 말하기 곤란합니다만, 후궁을 정하는 일은 신중해야 할 것입니다."

이 말에 대해 영조는 아무 말도 하지 않았다고 합니다. 이병태의 말이 전혀 틀리진 않았지만, 마음에 들지 않는 소리였던 것이지요.

영빈 이씨가 처음으로 받은 첩지는 종2품 숙의였습니다. 나인 출신의 후궁에게 처음 내린 첩지치고는 지나친 벼슬이었지요. 그만큼 영빈에 대한 애정이 깊었다는 의미일 겁니다. 당시 영빈은 화평옹주를 막 낳은 상태였는데, 영조는 너무 기뻐서 미처 예를 살필 만한 여유가 없었던 모양입니다.

이씨는 숙의에 오른 지 얼마 되지 않아 다시 귀인에 봉해졌고, 1730년 11월 27일에 후궁으로서는 최고의 벼슬인 빈에 올라 '영빈'으로 불리었습니다. 후궁이 된 지 4년 만에 얻은 영예였습니다. 당시 영조는 자식을 낳지 못한 정성왕후를 아예 찾지도 않았기 때문에 영빈 이씨가 실질적인 아내 노릇을 했습니다.

그러나 이때 영조가 그녀를 빈으로 삼은 것에 대해 백성들은 의아해했습니다. 1730년 6월 29일에 경종의 계비 선의왕후 어씨가 죽었는데, 어씨의 장례를 치른 지 얼마 되지 않아 이씨를 영빈에 봉했기 때문입니다. 말하자면 초상이 막 끝난 마당에 승진 잔치를 치르는 격이었지요. 이때 온 나라 사람들은 아직 상복을 벗지 않고 흰 옷을 입고 있었는데, 이 명령을 듣고는 도성과 지방에서 모두 놀라워하며 탄식을 쏟아 냈다고 기록되어 있습니다.

영조의 총애를 한 몸에 받던 영빈 이씨는 화평옹주에 이어 화협옹주와 화완옹주를 낳았습니다. 그녀가 화완옹주를 임신했을 때에는 대신들이 모여 영빈 이씨가 왕자를 낳도록 기도하자고 청하기도 했습니다. 화완옹주를 낳기 전에 영빈 이씨는 연달아 네 명의 옹주를 낳았고, 그중 2명은 일찍 죽었습니다. 그리고 다섯 번째 아이를 임신했을 때 대신들이 제발 이번에는 왕자를 낳으라고 서원(마음속으로 소원을 비는 것)했습니다. 그러나 영빈 이씨는 또 딸을 낳습니다. 이 딸이 훗날 정조의 왕위 승계를 방해하며 엄청난 파란을 일으키게 될 화완옹주였습니다. 화완옹주를 낳은 지 1년 만에
영빈은 또 임신을 했습니다.

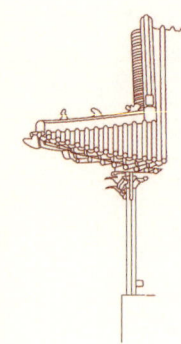

그리고 1735년 1월 21일, 온 나라 사람들이 오매불망 기다리던 원자가 마침내 태어났는데, 바로 사도세자였습니다. 자신의 부모로부터 죽임을 당하는 불행한 인물이었지요.

효종, 현종, 숙종의 대를 잇는 삼종의 혈맥이 끊어질까 봐 노심초사하던 영조는 너무나 기뻐했습니다. 자칫 시간이 더 흘러 아들을 얻지 못하면, 명종이 그랬던 것처럼 왕실의 친족 중에서 사람을 골라 왕위를 이을 뻔했으니까요.

영빈 이씨는 이때부터 왕비보다 훨씬 강한 힘을 갖게 되었습니다. 정성왕후 서씨는 비록 중궁전을 차지하고 있었지만 세력은 전혀 없었고, 영조 또한 그다지 대접하지 않았습니다. 그러나 왕실의 법도에 따라 영빈 이씨가 낳은 원자는 정성왕후 서씨의 보살핌을 받아야 했지요. 어쩌면 이것은 훗날 영빈 이씨가 자기 자식을 죽여야 한다고 말해야 했던 불행의 싹이 되었는지도 모릅니다.

정성왕후 서씨의 집안은 보잘것없이 몰락한 상태였고, 그 일가 중에 변변한 벼슬 하나 꿰차고 있는 자가 없었습니다.

정성왕후의 아버지 서종제는 1719년에 신천군수를 지내다 죽었고, 그녀의 남동생 서인수는 벼슬을 얻지 못해 빈궁하게 살다가 후에 대신들이 불쌍하게 여겨 동몽교관에 임명되어 겨우 살림을 꾸릴 정도였습니다.

하지만 원자의 어머니가 된 영빈 이씨는 조정을 장악하고 있던 노론의 확고한 지지를 받으며 왕비 못지않게 화려한 생활을 누렸습니다. 거기다 1736년에 원자 선(사도세자)은 세자에 책봉되고, 1749년부터 영조를 대신해 대리청정을 하게 되니, 그녀는 곧 왕의 친어머니가 될 예정이었습니다.

 그러나 세자가 대리청정을 하면서 영빈 이씨의 불행은 시작되었지요. 친어머니와 부왕이 모두 노론에 기반을 두고 있었지만, 세자는 은근히 노론을 멀리하고 소론과 남인의 소리에 귀 기울이고 있었습니다. 여기엔 정성왕후의 영향도 있었지만, 어려서부터 그를 돌봐 주던 상궁들의 영향력이 더 컸을 것입니다. 사도세자를 돌본 상궁들 중 많은 이들이 경종의 왕비 어씨를 모시던 사람이었기 때문입니다. 이 때문에 세자는 경종에 대해 동정심을 가지게 되었고, 한편으론 아버지 영조가 노론과 영합해 경종을 독살했을지도 모른다는 의심을 품게 되었습니다. 거기다 왕이 노론의 힘에 밀려 탕평책을 제대로 펴지 못하는 것을 보고 노론에 대해 적대감을 가졌습니다.

 그런 상황에서 정성왕후 서씨가 죽고, 노론 측 왕비인 정순왕후 김씨가 들어왔습니다. 정순왕후가 들어온 이후 세자의 입지는 조금씩 좁아졌습니다. 영조가 정순왕후를 아주 총애했고, 정순왕후는 세자를 드러내 놓고 싫어했기 때문입니다. 정순왕후는 영빈 이씨와도 가까운 사이였는데, 세자가 정순왕후와 사이가 나빠지는 바람에 영빈과 세자 사이에도 불신의 골이 깊어졌습니다.

 이쯤 되자 노론에서는 세자를 불신했는데, 그 무렵 정순왕후와 친하던 숙의 문씨가 임신을 합니다. 그러자 노론에서는 노골적으로 세자

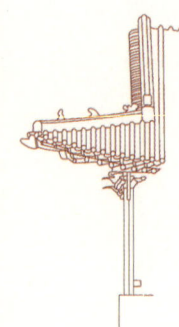

에게 적개심을 드러냈습니다. 그와 동시에 영조도 세자를 의심하고 심하게 꾸중하며 미워했습니다. 이에 당시 영의정이었던 소론 측의 이종성이 영조에게 세자를 너무 몰아붙이지 말라고 청했는데, 이 일이 세자가 소론의 편이라는 인식을 심어 주는 결정적 계기가 되고 말았지요.

세자가 소론에 기울자, 정순왕후 김씨와 숙의 문씨 등이 더욱 거세게 세자를 비난했습니다. 세자는 그 상황을 이기지 못하고 마음대로 궁궐을 빠져나가 평양까지 가서 기생을 끼고 노는 등 엉뚱한 행동을 일삼고, 급기야 자기 주변의 환관과 궁녀를 의심하여 죽이기도 했습니다.

이 소식을 듣고 영빈 이씨는 1762년 윤5월에 세자가 미쳤다며 영조에게 세자를 죽여 달라고 합니다. 그러자 영조는 즉시 세자를 서인으로 삼아 궁궐 안에 감금했다가 뒤주에 가둬 죽였습니다.

영빈 이씨는 그로부터 2년을 더 살다가 1764년 7월 26일에 죽었습니다.

영조는 그녀의 제문을 직접 짓고, 장례에 직접 참여하겠다고 했습니다. 그러나 승지가 후궁의 상례에 임금이 직접 참여할 수 없다고 막자, 영조는 그 법을 고치라며 참여할 뜻을 꺾지 않았지요. 또 영조는 영빈 이씨에게 '의열'이라는 시호를 내리고 영빈을 위해 표의록을 짓도록 했습니다. 영빈이 개인적인 정을 끊고 국가를 위해 아들을 죽이라고 한 일에 대한 변명 차원의 글이었습니다. 영조는 이 표의록을 작성하고 간행하여 사고(국가의 서적을 보관하던 곳)에 보관하라고 지시했습니다. 그리고 영빈의 묘소를 옛날 연희궁 터에 마련하라고 했습니다. 이곳은 오래 전부터 명당으로 소문난 곳이었답니다.

연희궁의 변천사

연희궁은 왕이 잠시 머무르는 이궁 중 하나인데, 원래 이름은 서이궁(西離宮)이었습니다. 그러다 세종 7년(1425년) 8월 30일에 연희궁(衍禧宮)으로 이름을 고쳤고, 다시 영조가 영빈의 무덤을 만들면서 한자를 고쳐 연희궁(延禧宮)이라고 했습니다. 오늘날 연희동은 이 궁의 이름을 따서 지명을 지었습니다.

연희궁은 원래 왕실의 액운을 막기 위해 지은 궁궐이었습니다. 이곳의 위치에 대해 〈궁궐지〉에서는 도성 밖 서쪽 15리 양주에 있다고 쓰여 있지만, 정확한 위치는 밝혀지지 않았습니다. 정종이 왕위를 물려주고 이 궁에 머물렀다고 기록되어 있으며, 1420년에 상왕 태종을 위해 세종이 중건하여 크게 확장했습니다. 그리고 세종도 1426년에 이곳에

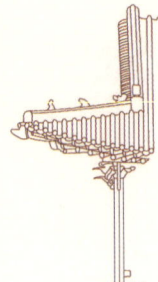

잠시 머물기도 했습니다.

하지만 당시에 이 궁에 해충과 독사가 많아 조정에서는 이곳에 임금이 나들이를 못하게 말렸다고 합니다. 그러자 세종은 이곳에 국립 양잠소인 잠실도회를 설치했고, 세조는 이곳을 '서잠실'이라고 부르고 관리를 뒀습니다.

연산군 대에 이르러서는 연희궁을 크게 개축하고 연회장으로 탈바꿈했습니다. 연산군이 이곳에서 기생들과 놀아나자 항간에선 '연희궁 까마귀골 수박 파먹듯 한다.' 는 속담이 생기기도 했지요.

연산군이 이처럼 연회장으로 쓰며 흥청망청 놀아난 뒤부터 연희궁은 이미지가 나빠져 이궁으로 쓰지 않았습니다. 이후 광해군 9년 4월에 화재가 나서 전각이 모두 소실된 뒤로 오랫동안 방치되었다가 영조 대에 이르러 영빈 이씨의 묘인 수경원(綬慶園)을 조성하게 된 것입니다.

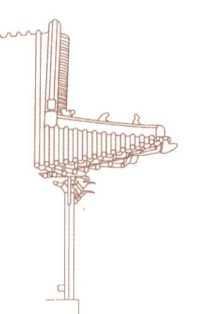

영친왕의 어머니, 순헌황귀비 엄씨

덕안궁은 순헌황귀비 엄씨의 신위가 봉안된 사당입니다. 엄씨는 원래 나인이었다가 1896년에 고종의 승은을 입고 1897년에 황자 은을 낳아 후궁이 되었습니다. 그해 양력 10월 20일에 태어난 아들은 순종의 황위 계승자로 지목되어 훗날의 영친왕이 되지요. (고종 이전의 실록은 모두 음력으로 기록했지만, 고종 이후엔 모두 양력으로 기록했습니다.)

엄씨가 아들을 낳았을 때 고종은 황제에 오른 지 8일밖에 되지 않았던 터라 몹시 기뻐했습니다. 고종은 황자가 태어난 날로부터 이틀이 지난 그해 10월 22일에 그녀를 귀인에 봉했고, 1900년 8월 3일에 다시 순빈으로 봉했습니다.

그런데 1901년 9월 14일에 윤용선이 빈을 '비'로 높여야 예에 맞다는 글을 올립니다. 이 글에서 윤용선은 천자의 후궁은 비(妃)라고 부를 수 있으며, 이전에 왕을 칭할 때 조선의 빈은 '비'로 높여 부르고, 귀인은 '빈'으로 높여 불러야 한다고 했습니다. 결국, 그해 9월 20일에 순빈 엄씨를 비로 봉하는 예식을 올리라고 명령이 떨어졌고, 10월 14일에 그녀는 순비로 책봉되었습니다.

그 뒤 1902년 10월 28일에 고종은 다시

순헌황귀비 엄씨
명성황후를 모시는 상궁으로 있다가 명성황후가 살해된 뒤 고종의 후궁이 되었다. 아들 은을 낳아 귀인에 책봉되었다.

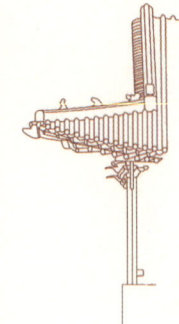

순비를 황귀비로 책봉하는 의식을 올리라고 지시했습니다. 그녀가 명성황후에 이어 계비가 되는 순간이었지요. 그러나 고종은 그녀를 황후로 책봉하지는 않았습니다.

그러자 그해 12월 2일에 김사철이 순비를 황후로 올려야 한다는 상소를 올립니다. 정식으로 제2황후로 삼자는 말이었지요.

하지만 고종은 이렇게 말했습니다.

"이미 대신들에게 이 문제에 대해선 비답을 내린 바 있다."

황후는 안 된다는 것이었습니다. 당시 황태자였던 순종의 입장을 배려한 것이었지요.

엄씨는 결국 1903년 12월 25일에 황귀비에 책봉되고, 금책문이 발표되었습니다. 하지만 예식에서는 황후의 옷을 입도록 허락을 받았습니다. 또 금책과 금인장을 받음으로써 고종의 계비가 되었습니다.

그러나 이미 조선은 일본의 손아귀에서 놀아났고, 1905년에는 외

덕안궁
고종의 후궁이며 영친왕의 친어머니인 순헌황귀비의 신궁이다.

교권마저 빼앗겼습니다. 또 1907년에는 고종이 강제로 퇴위하고 말았지요. 이렇듯 엄씨는 쇠락한 왕조와 함께 늙어 갔고 급기야 병을 얻었습니다. 그야말로 즐거운 일이라고는 없었던 왕궁 생활이었지요. 그나마 순종이 즉위하면서 그녀의 아들이 황태자에 책봉된 것이 유일한 기쁨이었습니다. 그리고 1911년 7월 20일, 그녀는 덕수궁 즉조당에서 생을 마쳤습니다.

그녀의 시호를 '순헌'으로 정하니, '순헌황귀비'라 부르게 되었고, 묘는 영휘원(永徽園)이라고 했습니다.

제3장
의녀, 그들은 누구일까?

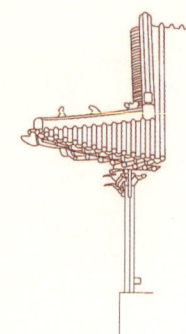

의녀는 언제 생겼을까?

　의녀는 조선 시대의 여자 의사입니다. 하지만 신분은 천비이고, 대개 관비 출신이었습니다. 우리나라에 의녀 제도가 들어온 것은 태종 6년(1406년)입니다. 부녀자들의 병을 돌보기 위하는 게 목적이었는데, 당시 여성들은 남자 의원에게 몸을 보이기를 꺼려해서 병을 앓고 있어도 제대로 치료도 못 받고 죽는 경우가 많았습니다. 이 문제를 해결하기 위해 의녀 제도를 만들었던 것이지요.
　《경국대전》에는 3년에 한 번씩 150명의 의녀를 뽑았다고 기록되어 있습니다. 이들 중에서 실력이 아주 뛰어난 70명은 내의원에서 일했고, 나머지는 각 지방의 의원에 소속되었습니다.
　내의원의 궁녀들은 궁궐에 드나들었기 때문에 궁녀처럼 보였을 것입니다. 하지만 엄밀한 의미에서 본다면 그들을 궁녀라고 부르긴 좀 곤란합니다. 의녀를 궁궐에서만 볼 수 있던 것도 아니고, 그렇다고 여관들처럼 일정한 품계가 있던 것도 아니기 때문입니다. 의녀 중에 일

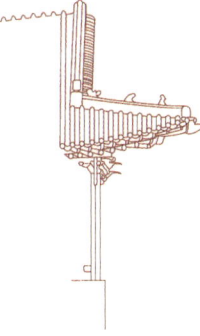

내의원 현판 궁궐의 의약을 맡아보던 내의원에 붙은 현판이다.

부만 궁궐에서 근무하는데, 그들은 출퇴근을 했습니다. 거기다 여관들과 달리 결혼할 수도 있었습니다. 이런 점들은 '궁궐에 사는 여자'라는 뜻의 궁녀와는 확연히 구분되었습니다. 하지만 궁궐에서 일하는 내의녀들은 궁녀가 아니라고 단정할 수도 없습니다. 무수리들 중 일부도 출퇴근하지만 궁녀의 범주에 포함되듯이, 내의녀도 비슷한 처지였기 때문이지요.

이런 의녀에 대해 처음 논의가 이뤄진 것은 태종 6년 3월 16일입니다. 이날 제생원 지사로 있던 허도는 이런 상소를 올렸습니다.

> 부인이 병이 있는데, 남자 의원으로 하여금 진맥하여 치료하게 하면 혹 부끄러움을 머금고 나와 그 병을 보여 주길 원하지 않아 죽음에 이르곤 합니다. 바라건대 창고나 궁사의 어린 여자아이 10명을 골라 맥경과 침구의 법을 가르쳐서, 이들로 하여금 부인들을 치료하게 하면 전하의 덕에 큰 보탬이 될 듯합니다.

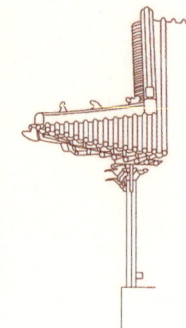

태종이 이 말을 듣고 옳다고 여겨 어린 여자아이 10명을 뽑아 의술을 교육 받게 했습니다. 그들을 교육하는 일은 제생원에 맡겼습니다.

이렇게 해서 마침내 우리나라 최초로 여의가 탄생했습니다.

여의는 중국이나 서양의 역사에서는 찾아보기 힘든 직업입니다. 더구나 남자 의원들의 보조 역할을 하는 것이 아니라 부인병을 직접 치료하고, 진맥하고, 침을 놓고, 처방하는 일까지 모두 하는 전문 여의 제도는 전 세계적으로 조선밖에 없었지요.

이때 뽑은 10명 중에 여의로 커 간 사람은 모두 7명이었습니다. 7명 중에서도 제대로 의사 노릇을 할 수 있는 의녀는 5명뿐이었지요. 제생원은 그들 5명으로는 부인병을 치료하기가 어렵다며 다시 의녀를 뽑아 달라고 청했습니다. 이때가 1418년 6월 21일이었습니다.

당시 제생원의 요청을 받아 예조에서 이런 글을 올렸습니다.

> 의녀는 모두 7명인데, 재예를 이룬 자가 5명이므로, 이들을 여러 곳에 나눠 보내면 늘 부족합니다. 바라건대, 각사의 비자들 중에서 나이가 13세 이하인 10명을 더 뽑는 것이 어떠하겠습니까?

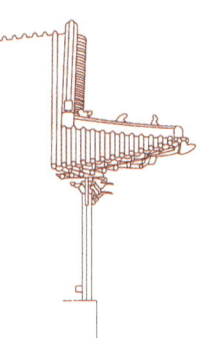

 태종은 그들의 요청을 받아들여 다시 10명의 의녀 후보생을 뽑도록 했습니다. 이렇듯 초기에는 부정기적으로 의녀를 뽑아 길러 냈지만, 의녀의 필요성이 더 생기면서 3년마다 정기적으로 뽑고, 또 숫자가 모자라면 부정기적으로 뽑았습니다. 이렇게 해서 의녀는 조선 관비들이 아주 선호하는 직업이 됩니다.

 의녀 후보생이 되려면 13세 이하로서 각 관청에 종사하는 관비여야 했습니다. 흔히 기생 출신이 의녀를 했다고 알고 있지만, 이것은 잘못 전해진 내용입니다. 의녀의 신분은 비록 천비이기는 하지만, 그들은 어릴 때부터 전문적으로 의학을 교육 받은 전문직 여성이었습니다.

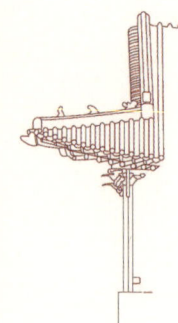

조선의 의료 기관에는 어떤 것이 있을까?

조선의 의료 기관으로는 제생원, 혜민국, 전의감, 내의원, 활인서 등이 있습니다.

제생원은 1397년에 조준의 건의로 설치된 의료 기관인데 의료, 의약의 수납과 보급, 의학 교육 및 의서 편찬 사업을 담당했던 곳입니다. 조선 초기 대표적인 의서인 《향약제생집성방》 30권이 바로 제생원에서 편찬한 책입니다.

제생원 터
조선 시대 서민 의료 기관으로 의녀를 양성하고, 향약재의 수납·비치 일도 맡았다. 서울 종로구 계동에 제생원 터가 있다.

제생원은 혜민국, 전의감과 함께 서민들의 질병을 치료하고 구호사업에도 참여해 조선 초기 의학을 발전시키는 데 핵심적인 역할을 했습니다. 그러나 1459년 세조 5년 5월에 정부 조직이 간소화되면서 혜민국에 합병되

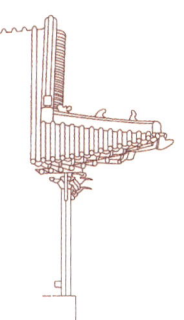

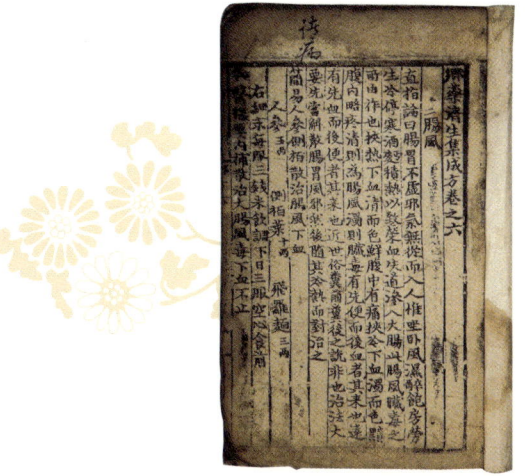

향약제생집성방
조선 전기 의학서이며,
제생원에서 편찬했다.

혜민서의 관원들

혜민국은 제생원과 합쳐지고 혜민서로 거듭났는데, 이곳에 종6품의 의학교수가 배치되어 의원과 의녀를 교육했습니다.

혜민서에 근무하는 관원으로는 종6품 주부를 비롯하여 종6품 의학 교수 1인, 종7품의 직장, 종8품의 봉사, 정9품의 훈도, 종9품의 참봉 4인이 있습니다. 이 외에도 산원(맡은 직무가 없는 벼슬자리)으로 치종교수 1인, 청사를 지키는 위직 2인, 침의 1인 등이 있고, 이속으로 서원 1인, 창고지기 1인, 사령 5인 등이 있습니다. 혜민서에 근무하는 의녀는 31인이 정원인데, 상황에 따라 수가 늘기도 하고 줄기도 했습니다.

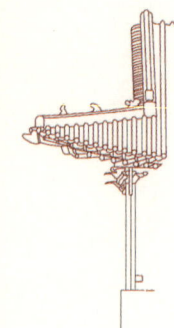

어 그 이름이 사라졌습니다.

전의감은 궁궐에 의약을 공급하고, 의학을 교육시키고 의원을 뽑던 곳이었습니다. 말하자면 의원을 뽑고, 교육하고, 약을 공급하는 중추적인 기능을 했다고 할 수 있습니다. 전의감은 혜민서의 상급 기관으로서 주부 위로 정, 부정, 판관 등의 관리가 더 있습니다. 이곳의 관원은 시기에 따라 조금씩 조정되었으나 조선 말기까지 취재(인재를 뽑는 일)와 교육, 약의 보급이라는 본질적 기능은 변하지 않았습니다.

내의원은 왕실을 전담하는 의료 기관인데, 태종 때에 설치된 내약방이 그 모태입니다. 이후 1443년에 세종이 내의원으로 고치고 관원 16인을 배치함으로써 독립 기관이 되었습니다. 그리고 세조 때 관제 개혁이 되면서 정과 첨정 1명씩 배치되고, 판관과 주부가 각 2인, 직장 3인, 봉사와 부봉사, 참봉 등이 각 2인씩 배치되었습니다. 이후로 인원수에 약간 변화가 있었지만 큰 변화는 없었습니다. 이들 관원 외에도 정3품 당상관과 당하관 12인, 침의 12인, 의약동참 12인, 어의 3인 등이 있었습니다. 내의원에 소속되는 의관은 정원이 없었기 때문에 필요에 따라 많은 인원을 둘 수 있었습니다. 의관의 정원이 정해지지 않은 것은 왕실 사람들의 숫자가 일정하지 않았기 때문이었지요.

내의원에는 산원서원 23인, 종약서원 2인, 대청직 2인, 본청사령 7인, 임시사령 5인, 의약청사령 1인, 침의청사령 2인, 급수사령 1인, 군사 2인, 물을 길어 나르는 수여공 2인, 동변군사 3인, 삼청군사 18인이 따로 배치되었습니다. 또 이곳에 근무하는 의녀는 18인이었습니다.

활인서는 도성 안의 병자를 무료로 치료하는 병원입니다. 원래 고려 시대의 동·서대비원으로부터 시작되었는데 조선 시대에 와서도 대비원이라는 이름을 버리지 않다가 태종 때에 불교 억압책이 본격화되면서 그 이름이 불교에서 왔다고 하여 동·서활인원으로 바뀌었습니다.

동활인원은 동소문 밖에 있었고, 서활인원은 서소문 밖에 있었는데, 도성 안의 병자나 오갈 데 없는 사람들을 치료해 주었고 무료로 먹이고 입혀 주던 곳이었습니다.

동·서활인원은 세조 대에 이르러 활인서로 통합되었고, 제조 1인, 별제 4인, 참봉 2인, 서리 4인의 관원을 두었습니다.

활인서는 임진왜란 때 잠시 사라지기도 했으나 다시 생겨나 1882년까지 있었답니다.

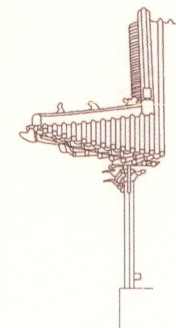

의녀는 어떻게 교육하고 평가할까?

　조선 초기의 의녀 교육은 모두 제생원에서 했습니다. 하지만 세조 이후에 제생원이 사라지면서 전의감과 혜민서에서 의녀를 교육시켰습니다.

　2명의 교수가 중심이 되어 교육했는데, 교수 외에 훈도들이 보조 기능을 했습니다. 2명의 교수는 모두 문신이었고, 그 아래에 의원들이 배치되었습니다.

　의녀 교육은 모두 3단계로 이루어졌습니다. 첫 단계는 '초학의'라고 하는데, 오직 학업에만 전념하는 시기입니다. 이 기간은 대개 3년입니다. 의녀들은 이 기간 동안 《천자문》, 《효경》, 《정속편》 같은 책으로 글을 익히고, 《인재직지맥》, 《동인침혈침구경》, 《가감십삼방》, 《태형혜민화제국방》, 《부인문산서》 같은 의서와 지금의 수학인 《산서》를 배워야 했습니다. 지방에서 중앙으로 올려 보내는 의녀들은 지방에서 이미 글을 익힌 다음 중앙으로 와야 했습니다.

초학의 단계에 진행되는 학습은 다음과 같습니다.

제조가 매달 상순에는 책을 강독하고, 중순에는 진맥과 약에 대해 교육을 하며, 하순에는 혈의 위치를 교육했습니다. 그리고 연말에는 제조가 방서(方書)와 진맥, 명약, 점혈(點穴) 등을 총체적으로 강의한 뒤 1년 동안 받은 점수를 계산해 성적에 따라 조치합니다. 불통이 많아 낮은 성적이 나온 사람은 봉족(奉足)을 빼앗습니다. 첫해에는 1명을 빼앗고, 두 번째 해에는 2명을 빼앗고, 세 번째 해에도 불통이 개선되지 않으면 원래 신분인 관노로 돌려보냈습니다. 이때 생기는 빈 자리는 비자 중에서 1명을 뽑아 채우게 됩니다.

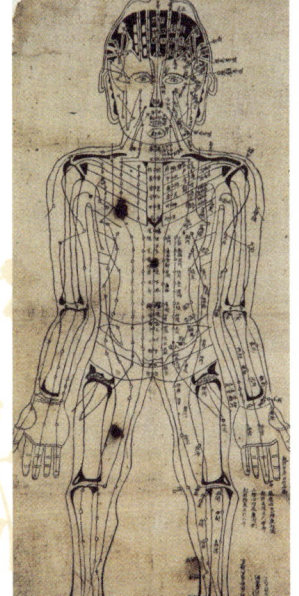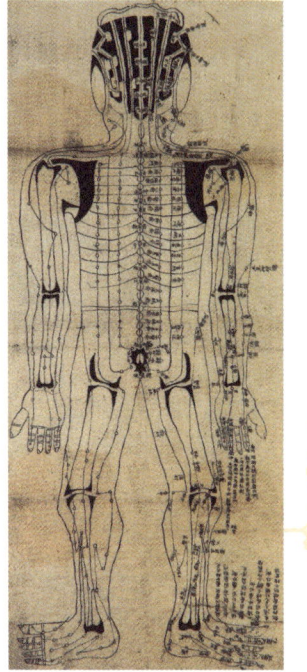

동인전후도
동인도는 경락과 경혈을 표시한 동제 인형이다. 이것은 동인도의 앞뒤를 그린 그림인데, 침구과학의 중요한 자료로 쓰였다.

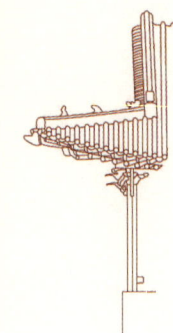

봉족이란 국역 편성의 기본 조직으로, 나랏일을 보기 위해 복무하는 집안에 붙여 주는 공익 요원이랍니다. 원래 16세 이상 60세 이하의 모든 평민은 군역을 해야 하는데, 이들 중 군역에 동원되지 않은 사람은 봉족으로 일했습니다. 봉족으로 뽑힌 사람은 배치된 집안에 가서 일을 도와야 했는데, 이것은 곧 경제적 혜택과 같은 것이었습니다. 의녀의 집안에도 봉족이 주어졌는데, 의녀의 봉족을 줄인다는 것은 의녀의 급료를 줄이는 것과 같은 조치였습니다.

초학의 기간 동안 세 달 안에 세 번 불통 점수를 받은 사람은 혜민서의 다모(茶母)로 가고, 다모 생활을 하면서도 공부를 게을리하여 성적이 좋지 않으면 원래 신분인 관비로 돌아가야 합니다.

초학의 3년이 끝나면 간병의가 됩니다. 이 기간에는 말 그대로 간병을 하며 의원을 보조하고 병에 대해 익힙니다. 간병의 생활은 기간이 따로 정해져 있지 않습니다. 빨리 특정 분야를 익혀 뛰어난 의술을 보이면 내의로 발탁되고, 그렇지 않으면 40세가 될 때까지 간병의로 남아야 합니다. 그리고 40세가 지났는데도 전문 분야가 없으면 다시 관비로 돌아가야 합니다.

간병의 중에 성적이 뛰어난 사람 4명을 달마다 뽑아 그들에게만 급료를 줍니다. 그리고 간병의 중에 뛰어난 능력을 보인 사람 중에 2명을 뽑아서 내의녀로 임명하지요. 내의녀가 되면 비로소 월급이 나옵니다. 녹전은 없지만 계절에 한 번씩 녹봉을 받을 수 있는 체아직에 임명될 수도 있습니다. 명실공히 관직을 얻게 되는 것이지요. 체아직이란 특별한 경우에 녹봉을 주기 위해 만든 관직인데, 요즘으로 말하

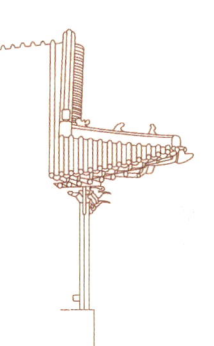

면 계약직 또는 기간제 직책입니다. 정해진 녹봉은 없고 1년에 네 차례 근무 평가를 하여 녹봉이 주어지지만, 직책은 보장되지 않습니다. 의녀에게 벼슬을 내릴 땐 체아직밖에 내리지 못했는데, 《경국대전》에 규정된 내용을 따른 것입니다.

조선 시대의 무반직 중 하급직은 대부분은 체아직이었으며, 기술 관료나 훈도들도 체아직이었습니다. 체아직에는 전체아와 반체아가 있는데, 전체아는 자리가 1년 동안 보장된 것이며, 반체아는 6개월 단위로 근무를 평가해 근무 연장 여부를 결정합니다.

내의녀 중에서 뛰어난 의녀는 임금을 보살피는 어의녀로 삼았습니다. 대개 어의녀는 내의녀 중에 최고 고참이 하게 되는데, 60세가 넘도록 근무한 사람도 있었습니다. 조선 시대의 대표적인 어의녀 대장금은 무려 20여 년 동안 어의녀로 지냈습니다.

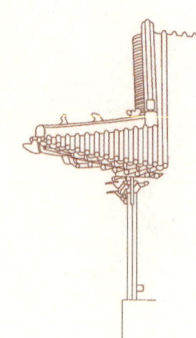

의녀의 임무와 역할은 무엇일까?

의녀의 기본 임무는 환자를 간병하는 것입니다. 그리고 부인병에 대해서는 의원으로서 진맥하고, 시침(침을 놓는 일)하며 조산원(아이를 받아내는 사람)의 역할도 했습니다. 그러나 처방은 의원을 통해서 해야 하며, 직접 약 처방은 할 수 없습니다.

이렇듯 의녀는 부인병에 대해서만은 의사로서 진료했지만, 대개 환자를 간호하는 일을 맡았지요.

그런데 의녀가 단지 의료와 관련된 일만 했던 것은 아닙니다.

중종 38년 2월 10일에 병조 판서 임권, 형조 판서 신광한, 포도대장

정순왕후가례도감(부분)
영조와 정순왕후의 혼례식을 그린 가례도감이다. 그림속에서 맨 뒤에 말을 타고 따르는 의녀가 보인다.

144 조선 시대 궁녀들은 어떻게 살았을까?

김공석 등이 도적이 생기는 원인과 야간 순시에 대해 올린 글에는 이런 내용이 있습니다.

> 도적이 사족의 집에 숨어 있으면 먼저 아뢰고 나서 잡는 것이 예사이지만, 보고하느라 왕래하는 동안 달아나는 폐단이 있습니다. 앞으로는 군사들로 그 집을 포위해 놓고, 부인들은 피해 숨게 하고서 체포한 뒤에 그들의 체포 여부를 아뢰게 해 주소서.
> 또 도적이 부인들 차림으로 변장하고 숨는 일도 있으니 의녀를 시켜 살펴보게 함으로써 도적들이 도망치지 못하게 하는 것이 어떻겠습니까?

이 글에서 보듯 의녀는 여자 경찰 역할도 했습니다. 여자 경찰로서 의녀의 임무는 이뿐만이 아닙니다. 조선 시대에도 결혼 혼수를 사치스럽게 하는 것을 국가에서 금지했는데, 유달리 왕실의 척족이 정도가 지나쳤습니다. 이런 사건이 보고되면 부인들의 방은 남자들이 들어갈 수 없으므로, 의녀들로 하여금 조사하도록 했습니다. 또 종친 중에 어머니나 부인의 병을 핑계 삼고 종학에 나오지 않는 자가 있으면 그 사실을 확인하기 위해 의녀들을 종친의 집으로 파견해 여인의 몸을 진찰하도록 했습니다.

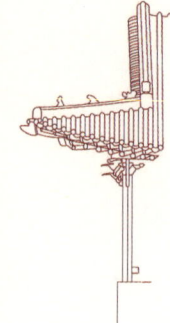

　여성이 범죄를 저질렀을 때, 여성의 몸을 살피는 것도 의녀들의 몫이었습니다. 이때 의녀들은 몸을 수색하는 것은 물론이고, 맥을 짚어 임신 여부를 판별하기도 했습니다. 만약 사형될 여자 죄수가 임신을 했으면 아이를 낳을 때까지는 연기했다가 아이를 낳은 뒤에 집행했기 때문입니다. 또 임신 중에 고문을 가하면 임산부와 아이가 모두 죽을 수 있으므로, 여자 죄수는 반드시 의녀들이 임신 여부를 먼저 판별했습니다.

　궁궐의 여관들이 죄를 지었을 때에 그들을 체포하는 것도 의녀들이었습니다. 또한 갇힌 의녀에게 음식을 날라 주고, 건강 상태를 확인해 보고하는 것도 의녀가 했습니다. 그러나 죄지은 사람이 궁궐의 나인이나 상궁이 아닌 비자라면 의녀는 그들의 시중을 들지 않았습니다.

　여관 말고도 후궁이나 어린 왕자를 잡아들이는 일도 의녀가 했습니다. 광해군 시절에 영창대군을 끌어낸 것도 여관들이 아니라 바로 의녀들이었습니다.

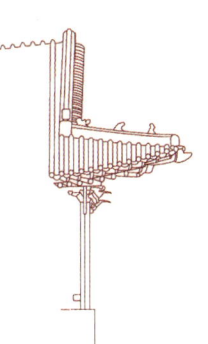

　의녀를 흔히 '약방기생'이라고도 하는데, 이때 약방기생이라고 불린 의녀들은 혜민서의 의녀들입니다. 연산군 시절에는 혜민서 의녀들에게 술을 따르고 음악을 연주하도록 했는데, 연산군이 내쫓긴 뒤에도 의녀를 기생처럼 부리는 일이 많았기 때문입니다. 중종은 재위 12년 8월 25일에 의녀를 사대부의 연회장에 데려가지 못하도록 지시했지만 쉽게 고쳐지지 않았습니다.

　왕비의 능을 옮기거나 조성할 때도 왕비나 후궁의 무덤을 지키는 일을 의녀들이 했습니다. 왕이 밤에 궁궐 바깥을 다닐 때 횃불을 드는 것도 의녀의 몫이었고, 후궁이 죽으면 제문을 읽는 일도 의녀가 했습니다.

　이렇듯 의녀는 의술에 관한 일만 아니라 온갖 잡다한 일들을 다 해야 했습니다. 때론 이런 일들에 의녀를 동원하는 것이 불합리하다는 상소가 왕에게 올라가기도 했습니다. 그때마다 왕이 의녀에게 의녀 일 외에 다른 일은 시키지 말라고 했지만 끝내 고쳐지지 않았답니다.

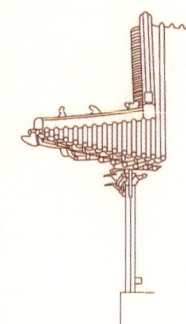

의녀의 가정 생활은 어떠했을까?

의녀들은 궁녀들과 달리 결혼할 수 있었습니다. 하지만 신분이 천했기 때문에 아주 천대 받았고, 제대로 된 혼인도 하지 못했지요. 거기다 가정생활은 아주 곤궁했습니다.

《경국대전》의 다음 법 조항을 보면 의녀들의 결혼 생활을 쉽게 짐작할 수 있습니다.

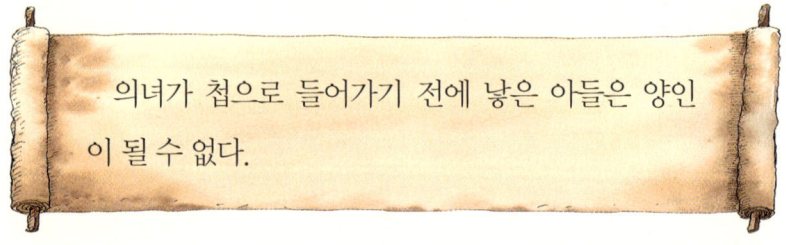

의녀가 첩으로 들어가기 전에 낳은 아들은 양인이 될 수 없다.

이 문장을 잘 들여다보면, 의녀들은 누군가와 혼인하기 전에 임신하는 경우가 많다는 것을 알 수 있습니다.

성종 19년 1월 14일에 성세명은 성종에게 이런 말을 했습니다.

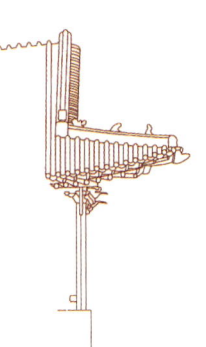

"의녀와 기녀는 본래 정해진 지아비가 없으므로 아들을 낳으면 천인의 아들을 귀족의 아들이라고 합니다. 관리는 그 어미의 말에만 의존해 기록하게 되는데, 이렇게 되면 문제가 생깁니다. 신의 생각으로는 의녀와 기녀의 소생을 적에 올릴 때에는 그 아비에게 물어서 기록하는 것이 어떻겠습니까?"

이것을 보면 의녀도 기녀처럼 정해진 남편이 없다는 것을 알 수 있습니다. 그래서 여러 남자의 아이를 갖기 십상이었습니다. 때문에 의녀들은 어떻게 해서든지 천비 신분에서 벗어나려고 애를 썼는데, 유일한 방법이 바로 양반의 첩으로 들어가는 것이었습니다.

의녀를 첩으로 삼은 양반은 집안의 여종을 의녀 대신 관비로 넣고 의녀를 관비 신분에서 해방시켜야 했습니다. 그렇게 되면 의녀는 양인 신분이 되고, 의녀의 자식도 서출이지만 양인으로 살 수 있었습니다. 이 때문에 의녀들은 양반의 첩으로 들어가는 것을 최고의 행운으로 여겼답니다. 그래서 의녀 중에는 양반과 몰래 사귀는 사람들이 많았습니다.

의녀 중에는 인물이 뛰어나 왕족과 연애를 한 이들도 있었습니다. 대표적인 여성이 세종의 아들 평원대군과 사랑을 나눴던 백이라는 의녀였습니다. 그러나 평원대군은 19세에 죽었고, 백이는 그 뒤에 이사평과 사랑을 나누다 그의 첩으로 들어갔습니다. 이사평은 대마도 정벌을 이끌었던 이종무의 셋째 아들이었습니다. 이종무는 정종의 왕자 덕천군에게 딸을 시집보냈으므로 왕실의 외척이기도 했지요. 이사평이 백이를 첩으로 맞이했다는 소식을 듣고 세종은 몹시 화를 냈습니다. 평원대군은 세종이 몹시 총애하던 아들이었고, 그 아들이 좋아했던 여자가 남의 첩으로 들어갔다는 말을 들었으니 어느 아비인들 기분이 상하지 않았겠습니까? 더구나 왕자와 염문이 있던 의녀를 왕실과 사돈 관계를 맺은 외척의 자식이 첩으로 삼았으니 그냥 둘 수 없었지요. 말하자면 인척끼리 한 여자를 가까이 했으니, 법도에 어긋난다는 것이었습니다.

세종은 그런 명분을 내세워 선공감의 정(正)으로 있던 이사평을 파직시켰습니다. 이사평 또한 백이를 첩으로 얻으면 파직을 당할 것이라고 예상했을 것입니다. 그럼에도 백이를 첩으로 삼았던 것을 보면, 백이란 여자가 꽤나 미인이었던 모양입니다.

백이 또한 이사평의 첩이 되면 세종의 미움을 사게 될 것을 알았을 겁니다. 그렇다고 죽은 평원대군만을 생각하며 늙어 갈 순 없었겠지요. 이사평의 첩이 되는 순간, 관노의 신분에서 해방되고 기생 취급 받는 의녀 일도 그만둘 수 있었으니까요. 거기다 자식이 비록 서자일망정 천민 신분에서 벗어날 수 있었습니다. 의녀들이 양반의 첩이 되길 원했던 것은 바로 이런 혜택 때문이었답니다.

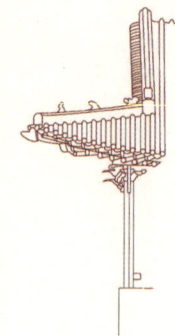

의녀들의 삶은 평탄하지 못했지요.

조선 시대 의녀들은 이렇듯 원만한 결혼 생활을 하지 못했습니다. 세상 사람들이 그들을 관기 못지않은 추잡한 여자들로 여겼고, 그들 역시 정조 관념이 매우 약한 편이라 일반 아낙네들처럼 살 수 없었습니다. 그 때문에 의녀들은 아비 없는 자식을 키우는 일이 많았고, 결혼을 여러 차례 하는 경우도 많았습니다. 또 어쩌다 결혼을 한다고 해도 구박 받거나 버림받기 일쑤였습니다. 이런 의녀의 기구한 처지를 보면, 그들이 양반의 첩으로 가는 것을 이상적인 결혼으로 생각한 것도 무리는 아닐 것입니다.

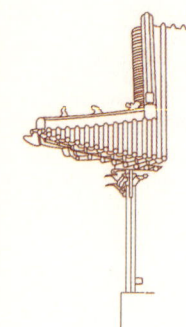

역사에 이름을 남긴 의녀들

중종의 주치의 대장금

　실록에 의녀의 이름이 오르내리는 것은 대부분 좋지 않은 일에 연루되었기 때문입니다. 그것도 간통 사건이나 양반들의 첩으로 들어갔다가 생긴 문제들이 대부분이었지요. 하지만 아주 드물게 의술로 이름을 떨쳐 실록에 이름을 올린 의녀들도 있습니다. 비록 몇 명 되지 않고 기록도 많지 않지만 자세히 알려 줄게요.

　조선의 의녀 중에 가장 많은 기록은 남긴 인물은 중종 대의 대장금(大長今)입니다. 대장금은 의녀로서는 유일하게 임금의 주치의였고, 중종이 마지막까지 자신의 몸을 맡겼을 정도로 신뢰했던 의녀였기 때문입니다.

　대장금이 실록에 처음 나온 것은 중종 10년(1515년) 3월 8일의 일입니다. 이때 사헌부에선 의원 하종해를 의금부에 가둬야 한다고 주장을 했습니다. 중종의 계비 장경왕후가 그해 2월 25일에 원자(훗날의 인

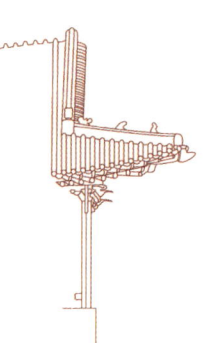

종)를 낳고 3월 2일에 사망했기 때문에 그 책임을 져야 한다는 것이었지요. 그런데 중종은 하종해가 약을 마음대로 지어 올린 것이 아니라, 의녀가 말한 증상에 따라 조제했으므로 하종해를 의금부에서 심문하는 것은 마땅하지 않다고 했습니다. 이때 중종이 말한 의녀들 중에는 대장금이 포함되어 있었습니다.

하지만 사헌부에서는 대장금이 왕비를 제대로 치료하지 못했으니 당연히 죄를 받아야 한다고 주장했습니다. 그러자 중종이 3월 22일에 말하길, 대장금은 원자를 생산하는 데 큰 공을 세웠으므로 상을 내려야 하지만, 갑자기 대고(왕이나 왕비가 죽는 것)가 있어 상을 내리지 못했다면서, 대장금에게 상을 내리지 못할망정 형장을 가할 순 없다고 했습니다.

이튿날 대간이 왕에게 이렇게 아뢰었습니다.

"의녀인 장금의 죄는 하종해보다 훨씬 심합니다. 해산 후에 옷을 갈아입을 때 제의하여 말렸더라면 어찌 대고(부모의 죽음)에 이르렀겠습니까? 형조에서 법조문대로 정률에 따라 적용하지 않고, 장형을 속죄시키기까지 했으니 심히 온당치 않습니다."

하지만 중종은 끝까지 장금에게 죄를 내리지 않았습니다.

이 사건 이후로 대장금이 다시 실록에 나온 것은 7년 뒤인 1522년 8월 15일입니다. 이날 중종은 대비가 중풍 증세에 감기를 앓고 있다며 의녀에게 치료하게 했으나 미진하여 의원 하종해와 김순몽이 치료에 힘을 보태도록 했습니다.

그리고 9월 5일에 자순대비의 병세가 호전되자, 왕은 대비를 치료

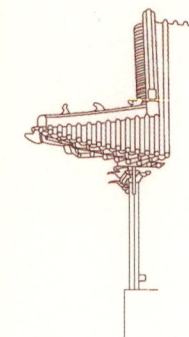

한 의원 하종해와 김순몽, 의녀 신비와 장금에게 상을 내렸습니다. 이때 신비와 장금이 받은 상은 쌀과 콩 10석씩이었습니다.

대장금은 이때의 공으로 중종의 병 치료를 전담하게 됩니다. 중종은 1524년 2월 15일에 대장금에게 체아직을 내리고 자신의 간병을 전담하도록 했지요. 이렇게 해서 대장금은 중종의 어의녀이면서 주치의가 되었습니다.

하지만 중종이 한갓 의녀를 주치의로 삼은 것에 대해 대신들은 몹시 못마땅했습니다. 그들은 중종의 몸이 좋지 않을 때마다 대장금의 의술이 부족한 탓이라고 말했습니다.

중종 27년(1532년) 10월 21일에 내의원 제조 장순손과 김안로가 이런 말을 아뢰었습니다.

"옥체가 편안치 못한 것이 풍 증세 때문이라고 해도 상시에 금기해야 할 일은 모두 삼가는 것이 좋습니다. 지금 의녀에게 진맥하게 하는 것 또한 마음이 편치 못합니다. 의녀의 의술이 의원만 못하니, 의원이 들어와서 살피는 게 어떻겠습니까?"

중종은 자신의 몸을 대장금에게 보살피게 했는데, 중종의 병이 쉽게 낫지 않자, 내의원 제조들이 그녀를 믿지 못하겠다는 투로 한 말이었습니다. 중종은 그들의 의견을 존중해 의원 하종해와 홍침을 대전으로 불러 진맥하게 했습니다.

중종은 풍이 원인이 되어 겨드랑이 아래쪽에 종기가 돋아 있었습니다. 종기 때문에 중종은 몹시 고통스러워했지요. 이 일로 대신들은 왕의 치료를 의녀와 의원에게만 맡겨 둘 수 없다면서 재상들이 직접 대

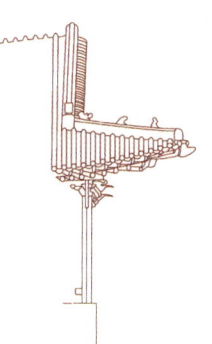

전으로 가서 병증을 확인해야 한다고 했습니다. 이에 중종은 재상들이 출입하면 사관이 함께 와야 하고, 그렇게 되면 오히려 치료에 도움이 되지 않는다며 거절했습니다.

그러나 중종의 종기는 여러 달 동안 낫지 않았습니다. 그 때문에 대신들이 의아해하자 중종은 1533년 1월 9일에 자신의 병에 대해 이렇게 해명을 했습니다.

"당초 침으로 종기를 터뜨렸을 때, 침구멍이 넓지 않아서 나쁜 피가 다 빠지지 않고 여러 곳에서 고름이 새어 나왔다. 그러나 멍울이 생긴 곳은 아직 곪지 않았으므로 요사이 태일고, 호박고, 구고고 등의 고약을 계속 붙이자 멍울이 있던 곳에서 고름이 계속 나오는 것일 뿐, 다른 곳이 새롭게 곪은 것은 아니다."

그러자 대신들은 종기가 났던 곳은 이미 죽은 살이 되었으니 다시 응어리가 박힐 까닭이 없다면서 대장금으로 하여금 다시 진찰해 약을 쓰게 하는 것이 좋겠다고 의견을 냈습니다. 중종은 이를 받아들였고, 한 달 뒤 중종의 종기는 나았습니다. 이때 병 치료에 공을 세운 사람은 의원 하종해와 의녀 대장금, 계금 등이었습니다. 중종은 대장금과 계금에게 각각 쌀과 콩 15석씩을 하사했습니다.

이후에 대장금이 실록에 다시 등장하는 것은 1544년(중종 39년) 2월 3일입니다. 이 무렵, 중종의 병증은 매우 악화되어 있었습니다. 중종은 이미 57세의 노구였고, 오랫동안 앓아 오던 풍증과 합병증으로 병증이 돌이킬 수 없는 지경이었습니다.

그 증세에 대해 중종은 스스로 이렇게 말했습니다.

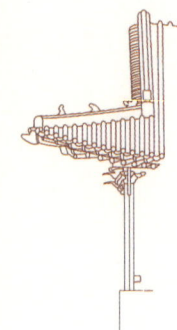

"어제 저녁 온 몸에 땀이 났기 때문에 열기는 처음처럼 심하지 않으니 약을 자주 올릴 필요는 없다. 하지만 증세에 따라 약을 알아서 올려라. 다만 여러 날 약을 먹었더니 기운이 점점 약해져서 식사가 평소만 못하고 병이 오랫동안 지속되니 걱정이 된다. 또 목이 쉬고 땀이 많이 나므로 약을 써야 한다는 것은 의녀가 알고 있다. 의원을 자주 부르고 싶지만 별다른 증세가 없어 그만뒀다. 소소한 약에 관한 의논은 의녀를 통해서 전할 테니 상의하도록 하라."

중종의 말에 나오는 의녀는 대장금입니다. 중종은 당시 자신의 병을 오로지 대장금에게 맡겼지요. 이런 일은 조선 전체를 통틀어 거의 유일했습니다. 그만큼 중종은 대장금을 신뢰하고 있었답니다.

며칠 뒤인 2월 7일에 내의원 제조가 중종을 문안하고 이렇게 아뢰었습니다.

"약간 차도가 있다고 하긴 하나 너무 오랫동안 누워 계십니다. 의녀의 진맥이 의원보다 정밀하지 못할 것이니, 의원이 진맥하게 하소서."

그러자 중종이 이렇게 대답했습니다.

"모든 증세가 이미 나왔고, 식사도 점차 평소와 같아지고 있다. 단지 해소 기운이 완전히 사라지지 않았다. 오늘이나 내일이 지나면 의원이 물러가도 될 것이니, 꼭 진맥할 것까진 없고 경들도 이제 문안하지 말라."

그리고 중종은 이틀 뒤에 자리를 털고 일어

나 자신을 치료한 의녀 대장금과 은비에게 상을 내렸습니다.

그러나 중종의 병은 완치된 것이 아니었습니다. 중종의 몸엔 늘 냉기가 감돌았고, 대소변도 원활하지 않았지요. 그리고 그해 10월쯤에는 중증으로 발전해 가고 있었습니다.

10월 24일에 내의원 제조 홍언필이 왕을 문안하고 처방과 진맥을 청했습니다.

"주상의 증세는 진실로 심한 것이 아닙니다. 다만 냉기 때문에 이렇게 되셨으니, 반총산을 복용하시는 게 마땅할 듯합니다. 대소변이 평소와 다른 것도 하부에 냉기가 쌓여 그런 것이니, 소금과 총백(대파)을 주머니에 담아 붙이는 것이 어떻겠습니까? 또 의녀가 비록 진맥한다고는 하나 천박한 식견으로 뭘 어떻게 알겠습니까? 박세거가 진맥하게 하소서."

그러자 중종이 이렇게 말했습니다.

"반총산을 즉시 지어서 들이라. 소금과 총백은 지금 붙이고 있으니, 증세를 보아 의원에게 진맥하도록 하겠다."

이 말에서 보듯 중종은 의원들보다는 대장금을 훨씬 신뢰하고 있었습니다. 그래서 대신들은 항상 불만이었지요. 왕이 한낱 의녀의 말만 듣고 의원을 무시한다고 생각해 틈만 나면 의녀를 공격했습니다. 그럼에도 중종은 그들보다 대장금의 말을 존중했습니다.

다음날 의정부와 중추부, 육조, 한성부의 당상 및 대사헌 등이 문안하러 오니, 중종은 대장금에게 자신의 병증에 대해 설명하도록 했습니다.

대장금은 대신들에게 이렇게 설명했습니다.

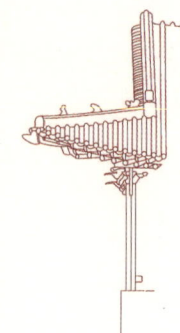

"어제 저녁에 주상께서 삼경에 잠이 드셨고, 오경에 또 잠깐 잠이 드셨습니다. 소변은 잠시 통했으나 대변은 불통한 지가 3일이나 되었습니다."

그 말을 듣고 의원 박세거와 홍침이 진맥하니, 왼손 간장과 신장 맥이 들뛰고 급했으며, 오른손 맥은 미약하고 느렸습니다. 의원들은 처방에 대해 의논하고 오령산에 마황, 방기, 원지, 빈랑, 회향을 넣어서 5첩을 올렸습니다.

그 덕분에 10월 29일에 비로소 대변이 나왔습니다. 변을 보지 못한 지 7일 만이었지요. 이날 대신들이 문안하자, 중종은 의녀 장금을 내보내 대변이 통해 기분이 좋다며 걱정하지 말라는 말을 했습니다. 이에 내의원 제조는 갈증이 날 때마다 생지황을 달여 먹을 것을 권하면서 절대로 냉수는 먹지 말라고 했지요.

그러나 중종의 병은 이미 돌이킬 수 없는 상황이었습니다. 중종 스스로도 그 사실을 잘 알고 있었지요. 대신들도 상황이 심상치 않은 것을 알고 여러 차례 의원을 보냈지만 별 효험이 없었습니다.

그런 상황에서 11월 12일 아침에 대장금이 대전에서 나와 중종의 병증에 대해 이렇게 설명했습니다.

"지난밤 주상의 옥체에 번열이 있는 것 같아 야인건수, 양격산, 지보단을 올렸

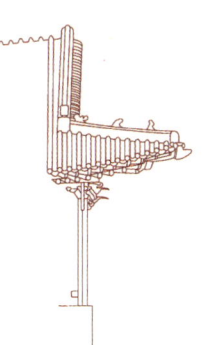

습니다."

그러자 의원 박세거가 들어가 진찰하고 다시 약을 올렸습니다. 정오에 대장금이 다시 나와 왕의 상태를 설명했습니다.

"오전에 번열이 있었으므로 정화수에 소합원을 타서 올렸습니다."

저녁에 박세거가 다시 들어가 진찰했고 건갈, 승마, 황련, 맥문동, 인삼을 첨가한 강활산 및 오미자 차, 검은 콩, 대나무 잎 등을 달인 물을 올렸습니다. 모두 기력을 보충하는 것들이었습니다.

그러나 소용이 없었습니다. 11월 15일에 어두워질 무렵에 대장금이 밖으로 나와 말했습니다.

"주상의 징후가 위급하십니다."

그로부터 얼마 후 내전에서 곡소리가 터져 나왔습니다.

그렇게 중종은 승하했습니다. 중종의 승하와 함께 대장금에 관한 기록도 사라졌지요. 왕이 죽었으니, 왕을 치료했던 대장금도 법에 따라 죄를 받았을 것입니다. 하지만 그녀가 특별한 실수를 한 게 아니므로 의녀의 직분은 그대로 유지했을 거라고 생각합니다. 다만 오랫동안 왕의 총애를 받았기 때문에, 그것이 문제가 되어 내의원에 계속 있지는 못했을 것입니다.

충치 제거술의 달인, 장덕과 귀금

대장금 다음으로 이름이 높았던 의녀는 장덕(張德)입니다. 제주의 의녀였던 장덕은 성종 대의 인물인데, 충치를 제거하는 데에 남다른 재주가 있었습니다. 어떻게 치료를 했는지는 모르지만 충치 제거술은

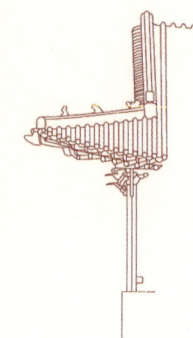

독보적이었습니다. 또 충치뿐 아니라 눈이나 코에 나는 부스럼을 없애는 데도 특별한 능력을 보였다고 합니다. 후에 이 기술은 그녀의 제자 귀금에게 전수되었는데, 나라에서는 그 기술을 널리 퍼뜨리기 위해 의녀로 하여금 배우게 했지요. 하지만 그녀의 의술이 사람들에게 알려지지 못했습니다.

장덕에 관한 기록이 처음 나온 것은 성종 19년 9월 28일 기사에서입니다. 이날 성종이 제주 목사 허희에게 이런 글을 내렸습니다.

> 잇병을 고치는 의녀 장덕은 죽고, 이제 그 일을 아는 자가 없으니 이, 눈, 귀 등 여러 가지 아픈 곳에서 벌레를 잘 없애는 사람이면 남녀를 막론하고 찾아서 보고하라.

장덕은 제자에게 기술을 전수하고 죽었는데, 그 제자가 바로 귀금이었습니다. 제주 목사는 노비 신분이었던 귀금을 찾아내 보고했고, 나라에서는 그녀를 면천(천민의 신분을 면하고 평민이 됨)하고 의녀에게 그녀의 의술을 배우게 했습니다. 하지만 의녀들이 4년이나 배웠는데도 쉽게 기술을 익히지 못하자, 나라에서는 귀금이 일부러 의술을 가르쳐 주지 않는다며 벌을 주려고 했습니다.

그런 내용은 성종 23년 6월 14일의 기록에 나타납니다.

이날 우승지 권경희가 이렇게 아뢰었습니다.

"제주의 의녀 장덕은 치충을 제거하고 눈과 코 등의 모든 부스름도 제거할 수 있었습니다. 그가 죽을 무렵에 그 기술을 사비(私婢) 귀금에게 전수했습니다. 나라에서는 귀금을 면천해 여의로 삼아 그 기술을 널리 전하고자 하여 두 여의를 뽑아 귀금을 따라다니게 했는데, 귀금은 기술을 숨기고 전하지 않았습니다. 청컨대 귀금을 고문하여 그 내막을 물어보소서."

성종은 즉시 귀금을 잡아들이게 하고 내막을 캐도록 했습니다.

"여의 두 사람으로 하여금 너를 따라다니게 했는데, 네가 숨기고 기술을 전수해 주지 않았으니 그 이익을 혼자 차지하고자 함이렷다? 네가 만약 끝까지 숨긴다면 고문을 가해 국문하겠으니, 모두 다 말해라."

그러자 귀금이 이렇게 대답했습니다.

"제가 일곱 살 때부터 이 기술을 배우기 시작해 열여섯 살이 되어서야 완성했습니다. 지금 제가 마음을 다해 가르치지 않은 것이 아니고, 여의들이 익히지 못했을 뿐입니다."

장덕과 귀금에 대한 기록은 이것이 전부입니다. 그들의 탁월했던 충치 제거술이 후대에 전수되었다는 기록도 없고, 귀금에게 전수 받았다는 의녀에 대한 기록도 없습니다. 하지만 귀금이 그랬던 것처럼 의녀들이 꾸준히 수련하고 배웠다면, 장덕의 충치 제거술은 후대로 전해졌을 것입니다.

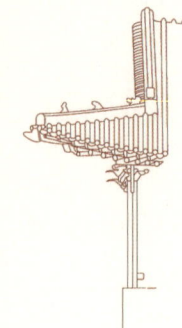

해독술을 전수 받은 분이

성종 시대엔 장덕이나 귀금 말고도 분이(粉伊)라는 여의도 유명했습니다. 그녀는 황을이라는 의원에게 의술을 배웠는데, 황을은 독에 중독된 병을 다스리는 의술이 뛰어났지요. 그래서 나라에서는 여의 분이에게 이런 명령을 내렸습니다.

"너는 황을을 따라다니며 해독술을 배우도록 해라."

하지만 분이의 의술은 황을을 따라잡지 못했습니다. 그 때문에 나라에서는 황을이 일부러 분이에게 의술을 가르쳐 주지 않는다고 판단해 그를 잡아들여 세 차례나 고문을 가하며 다그쳤습니다.

" 너는 어찌하여 분이에게 의술을 제대로 가르쳐 주지 않느냐?"

하지만 황을은 이렇게 변명했습니다.

"제가 가르쳐 주지 않는 것이 아니라 분이가 알아듣지 못하는 것입니다. 원래 의술이라는 것은 경험으로 익혀서 배우는 것인데, 분이는 아직 해독술 경험이 없어서 제대로 배우지 못한 것입니다."

"그래도 네놈이 끝까지 고집을 세우고 방자한 입을 놀리는구나. 여봐라, 저 자를 매우 쳐라!"

황을은 그렇게 지독한 형벌을 당한 뒤에야 비로소 분이에게 의술을 제대로 가르쳤다고 합니다. 덕분에 여의 분이는 중독된 병을 다스리는 데 뛰어난 의녀로 클 수 있었습니다.

선조 시대의 명의, 애종

선조 시대엔 애종(愛鍾)이라는 의녀가 의술이 매우 뛰어났다고 합니

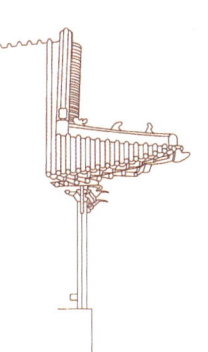

다. 하지만 선조는 애종을 궁궐에 들어오지 못하도록 했습니다.

"그 아이는 행실이 바르지 못하니 궁궐에 들어오면 못된 짓을 할 것이 분명하다."

선조가 그토록 애종을 싫어했던 이유는, 애종이 여러 남자와 잠을 잤다는 소문을 들었기 때문이었습니다. 그래서 선조는 애종을 절대 궁궐 안에 들이지 말라고 못 박았지요.

선조 33년에 6월에 선조의 왕비 박씨가 병이 깊어 목숨을 부지하기 힘든 형편이 되자, 대신들이 다시 선종에게 주청을 올렸습니다.

"전하, 애종의 의술이 탁월하니 믿고 한 번 맡겨 보소서. 애종이 비록 행실이 나쁘다고는 하나 지금 중요한 것은 중전마마를 살리는 일이 아니옵니까?"

하지만 선조는 여전히 애종을 미워했습니다.

"그 아이는 절대 안 된다고 하지 않았습니까? 사람이 죽고 사는 것은 하늘에 달린 것이지 의원이 해결할 수 있는 일이 아닙니다. 그러니 다른 의원을 들여보내 중전을 치료하도록 하시오."

선조는 끝내 애종을 받아들이지 않았습니다. 그 후, 선조가 죽고 광해군이 들어섰을 때 이항복이 왕에게 이렇게 아뢰었습니다.

"내의녀들의 대가 끊기게 됐으니 애종을 불러 의녀들을 가르치게 하는 게 좋을 듯합니다."

하지만 실록에는 이에 대한 답변이 기록되어 있지 않습니다. 그러나 광해군이 애종에 대해 별다른 비판이 없었던 것을 보면, 애종을 받아들여 의녀들을 교육하게 했을 것입니다.

제3장 의녀, 그들은 누구일까? 163